DISCLAIMER

The author and publisher are providing this book and its contents on an "as is" basis and make no representations or warranties of any kind with respect to this book or its contents. The author and publisher disclaim all such representations and warranties, including but not limited to warranties of merchantability. In addition, the author and publisher do not represent or warrant that the information accessible via this book is accurate, complete, or current.

Except as specifically stated in this book, neither the author nor publisher, nor any authors, contributors, or other representatives will be liable for damages arising out of or in connection with the use of this book. This is a comprehensive limitation of liability that applies to all damages of any kind, including (without limitation) compensatory; direct, indirect, or consequential damages; loss of data, income, or profit; loss of or damage to property; and claims of third parties.

Copyright © 2022 LINGUAS CLASSICS

BESTACTIVITYBOOKS.COM

All rights reserved. No part of this book may be reproduced or used in any manner without the written permission of the copyright owner except for the use of quotations in a book review.

FIRST EDITION - Published 2022

Extra Graphic Material From: www.freepik.com
Thanks to: Alekksall, Starline, Pch.vector, Rawpixel.com, Vectorpocket, Dgim-studio, Upklyak, Macrovector, Stockgiu, Pikisuperstar & Freepik.com Designers

This Book Comes With Free Bonus Puzzles
Available Here:

BestActivityBooks.com/WSBONUS20

5 TIPS TO START!

1) HOW TO SOLVE

The Puzzles are in a Classic Format:

- Words are hidden without breaks (no spaces, dashes, ...)
- Orientation: Forward & Backward, Up & Down or in Diagonal (can be in both directions)
- Words can overlap or cross each other

2) ACTIVE LEARNING

To encourage learning actively, a space is provided next to each word to write down the translation. The **DICTIONARY** allows you to verify and expand your knowledge. You can look up and write down each translation, find the words in the Puzzle then add them to your vocabulary!

3) TAG YOUR WORDS

Have you tried using a tag system? For example, you could mark the words which have been difficult to find with a cross, the ones you loved with a star, new words with a triangle, rare words with a diamond and so on...

4) ORGANIZE YOUR LEARNING

We also offer a convenient **NOTEBOOK** at the end of this edition. Whether on vacation, travelling or at home, you can easily organize your new knowledge without needing a second notebook!

5) FINISHED?

Go to the bonus section: **MONSTER CHALLENGE** to find a free game offered at the end of this edition!

Want more fun and learning activities? It's **Fast and Simple!**
An entire Game Book Collection just **one click away!**

Find your next challenge at:

BestActivityBooks.com/MyNextWordSearch

Ready, Set... Go!

Did you know there are around 7,000 different languages in the world? Words are precious.

We love languages and have been working hard to make the highest quality books for you. Our ingredients?

A selection of indispensable learning themes, three big slices of fun, then we add a spoonful of difficult words and a pinch of rare ones. We serve them up with care and a maximum of delight so you can solve the best word games and have fun learning!

Your feedback is essential. You can be an active participant in the success of this book by leaving us a review. Tell us what you liked most in this edition!

Here is a short link which will take you to your order page.

BestBooksActivity.com/Review50

Thanks for your help and enjoy the Game!

Linguas Classics Team

1 - Food #1

```
B Q T Z I J Z W R X W B K M
R I G Z X N F R T O N N O I
E K L E U L S N S R K G K N
C I P O L L A A G Z Z E P E
A R A C H I D I L O N R C S
U Z H F R A G O L A P F I T
C R A P A W F L A T T E D R
A A L B I C O C C A I A R A
N E R C T E S A L E U Y L A
N T U O G Z U C C H E R O J
E R T G T Y C C T T U E S M
L S P I N A C I J Q R M E F
L I M O N E O Z B L L C O M
A B A S I L I C O A G L I O
```

ALBICOCCA
ORZO
BASILICO
CAROTA
CANNELLA
AGLIO
SUCCO
LIMONE
LATTE
CIPOLLA

ARACHIDI
PERA
INSALATA
SALE
MINESTRA
SPINACI
FRAGOLA
ZUCCHERO
TONNO
RAPA

2 - Castles

```
M P T U S P A D A W O Y Y C
F A O E M C A N R R E G N O
U R R S B R U R X T D M K R
N E R N A R R D M L M M U O
I T E Y T O Y L O A D T L N
C E P L B D I N A S T I A A
O D I M P E R O H T U U P J
R U R C A V A L I E R E R P
N N C A V A L L O U O L I A
O G Z U G F E U D A L E N L
U E U E O O F B L F F G C A
Z O C A T A P U L T A C I Z
B N O B I L E E X P K Z P Z
P R I N C I P E S S A Y E O
```

ARMATURA
CATAPULTA
CORONA
DRAGO
DUNGEON
DINASTIA
IMPERO
FEUDALE
CAVALLO
REGNO

CAVALIERE
NOBILE
PALAZZO
PRINCIPE
PRINCIPESSA
SCUDO
SPADA
TORRE
UNICORNO
PARETE

3 - Exploration

```
N H S M W L B B R P C T E V
S U C X U C G T I E U B S I
C S O G J Q B F C R L F A A
O E N V P P I G E I T L U G
P L O S O E J Z R C U I R G
E V S P K R R N C O R N I I
R A C A A I U I A L E G M O
T G I T S M Q R C I W U E P
A G U T S P A Z I O E A N G
A I T I J A N I M A L I T E
K O O V N R A L J Z W O O E
E C C I T A Z I O N E R S B
B N N T H R T E R R E N O O
Y T A À Z E C O R A G G I O
```

ATTIVITÀ
ANIMALI
CORAGGIO
CULTURE
SCOPERTA
ECCITAZIONE
ESAURIMENTO
PERICOLI
LINGUA
NUOVO
PERICOLOSO
RICERCA
SPAZIO
TERRENO
PER IMPARARE
VIAGGIO
SCONOSCIUTO
SELVAGGIO

4 - Measurements

```
G C H I L O G R A M M O A M
C R A K H S E J W D W G O E
P H A M D P E S O N C I A T
O T I D E C I M A L E D A R
L P G L O N H C M I N U T O
L L R U O L U N G H E Z Z A
I I A O H M V O L U M E U G
C T M K F G E B Y T E T Q R
E R M I T O Y T D D T Z O R
Q O O O K J N W R M A S S A
A L T E Z Z A D B O O W I H
W I N K C E N T I M E T R O
J T O N N E L L A T A C I N
L A R G H E Z Z A O À Z K E
```

BYTE
CENTIMETRO
DECIMALE
GRADO
PROFONDITÀ
GRAMMO
ALTEZZA
POLLICE
CHILOGRAMMO
CHILOMETRO

LUNGHEZZA
LITRO
MASSA
METRO
MINUTO
ONCIA
TONNELLATA
VOLUME
PESO
LARGHEZZA

5 - Farm #2

```
Q T M M P T A G L Z M A F V
X Q R F D Z C E G E K G R E
M D H A P E C O R A X R U R
Y A C F T N Y S I G F I T D
X T I A R T Q O A R I C T U
N X D S I U O W X A E O A R
J P R A T O T R P N N L M A
C A J N P U T T E O I T L B
J S Q I M A G N E L L O O A
S T G M C I B O G T E R R N
L O E A I H C B R H O E Z A
A R I L C R E S C E R E O T
M E K I L A T T E A N Z I R
A I R R I G A Z I O N E E A
```

ANIMALI
ORZO
FIENILE
MAIS
ANATRA
AGRICOLTORE
CIBO
FRUTTA
IRRIGAZIONE
AGNELLO
LAMA
PRATO
LATTE
FRUTTETO
PECORA
PASTORE
CRESCERE
TRATTORE
VERDURA
GRANO

6 - Books

```
B W H P L S E R I E S S I L
G A J S G E H J N O T C N E
T C B C O N T E S T O R V T
R O M A N Z O T R O R I E T
A L F U A B P D O F I T N E
G L P T I V L W U R A T T R
I E A O X S V P D A E O I A
C Z G R F N G E E P L P V R
O I I E P I C O N A U I O I
P O N P O E S I A T J C T O
X N A R R A T O R E U J M À
X E S T O R I C O M M R N U
E P R R I L E V A N T E A T
T U M O R I S T I C O J C E
```

AVVENTURA
AUTORE
COLLEZIONE
CONTESTO
DUALITÀ
EPICO
STORICO
UMORISTICO
INVENTIVO
LETTERARIO

NARRATORE
ROMANZO
PAGINA
POESIA
LETTORE
RILEVANTE
SERIE
STORIA
TRAGICO
SCRITTO

7 - Meditation

```
N M Y E C H I A R E Z Z A Y
A Q Y E Z A E M O Z I O N I
Z P S V E G L I O W Q D K R
G H N R R P D M L I H P J P
A R R E S P I R A Z I O N E
B M A G E N T I L E Z Z A N
I E X T M O V I M E N T O S
T N S S I L E N Z I O P F I
U T M E N T E I C I A A N E
D A U T I I U J C X J C E R
I L S S W X B D J I M E T I
N E I Z L S P H I N C E K P
I T C N A T U R A N J J N I
Y Q A C F E D J P Z E D G Y
```

SVEGLIO
RESPIRAZIONE
CALMA
CHIAREZZA
EMOZIONI
GRATITUDINE
ABITUDINI
GENTILEZZA
MENTALE
MENTE
MOVIMENTO
MUSICA
NATURA
PACE
SILENZIO
PENSIERI

8 - Days and Months

```
M Q M F Q S J O T T O B R E
A A L U N E D Ì M S M T N C
R P R O Y T A M B C E L Z A
T R G Z W T G G L W S U M L
E I D F O I E I O F E G E E
D L W E B M N O S S D L R N
Ì E P B X A N V E K T I C D
X J S B A N A E T L A O O A
Q Y G R T A I D T R N Y L R
S A B A T O O Ì E W D E E I
D L X I A N N O M H F T D O
G K J O C D D W B L P J Ì K
N O V E M B R E R O J R K G
L M F E M E H V E N E R D Ì
```

APRILE
AGOSTO
CALENDARIO
FEBBRAIO
VENERDÌ
GENNAIO
LUGLIO
MARZO
LUNEDÌ
MESE

NOVEMBRE
OTTOBRE
SABATO
SETTEMBRE
GIOVEDÌ
MARTEDÌ
MERCOLEDÌ
SETTIMANA
ANNO

9 - Chess

```
B I A N C O H T E M P O P I
A W N P Z D O M O R H I W N
S T R A T E G I A R N C H T
E S E S B P N E R O N I Y E
A F G S M U U T K C Y E L L
V I O I M N Y C R O B C O L
V D L V G T Z T R Q K R F I
E E E O D I A G O N A L E G
R E H L X I O R Q E C R I E
S E J S B J Q C C P K Z T N
A O G I O C A T O R E N T T
R A E I C A M P I O N E O E
I K Q T N C O N C O R S O E
O G Q J S A C R I F I C I O
```

NERO
SFIDE
CAMPIONE
INTELLIGENTE
CONCORSO
DIAGONALE
GIOCO
RE
AVVERSARIO
PASSIVO
GIOCATORE
PUNTI
REGINA
REGOLE
SACRIFICIO
STRATEGIA
TEMPO
TORNEO
BIANCO

10 - Food #2

```
G C B U Y B R O C C O L O C
R A F F D A M P O L L O K I
A R O F U N G O B M Y T Q L
N C R Z A A B M Q M N E N I
O I M B D N U O V O E X Z E
P O A E K A J D E F Y L X G
E F G M L Z W O E M O J A I
S O G Y K A P R U L G P S A
C F I O R H N O N Q U G E S
E C O W W Y R Z P B R Y D C
T T G R R Q S U A K T Q A K
F F I I Q J F F M N I Q N M
P R O S C I U T T O A W O Z
U V A O X R F Q M B M Z I I
```

MELA
CARCIOFO
BANANA
BROCCOLO
SEDANO
FORMAGGIO
CILIEGIA
POLLO
UOVO
MELANZANA

PESCE
UVA
PROSCIUTTO
KIWI
FUNGO
RISO
POMODORO
GRANO
YOGURT

11 - Family

```
E P A T E R N O J C Q Z G Z
N A N M K A G A Y U N A J I
F D T M G S I C J G A I Q A
R R E M A D R E T I C Y I B
A E N F Z N S Q E N H H B Q
T M A R I T O D F O C Q B J
E O T H Y L R N K I T C A C
L G O M A T E R N O G S M Z
L L M L O R L R E O S L B A
O I N C D I L T P K I U I K
R E Q E F Z A N M L I C N A
U C A A B Z I N F A N Z I A
N I P O T E E O H T S X P R
B A M B I N O C Y C A N H D
```

ANTENATO
ZIA
FRATELLO
BAMBINO
INFANZIA
BAMBINI
CUGINO
FIGLIA
PADRE

NONNO
NIPOTE
MARITO
MATERNO
MADRE
PATERNO
SORELLA
ZIO
MOGLIE

12 - Farm #1

```
U C F M I C C A M P O W S B
R L E C L A N G O A B V E I
S F R I A V A R I S O I M S
Y W T A N A T I Y I E T I O
K L I C N L S C A N E E H N
O M L Q S L S O P O L L O T
Q H I U R O N L S D A L Y E
J G Z A P E Y T M X J O G N
U K Z F Y A F U U G A T T O
N M A C D B I R C M Y O U D
F X N A K E E A C O I X F K
Q R T P U L N L A Y R E T J
B A E R R C O C A Q F V L S
G D M A R E C I N T O B O E
```

AGRICOLTURA RECINTO
APE FERTILIZZANTE
BISONTE CAMPO
VITELLO CAPRA
GATTO FIENO
POLLO MIELE
MUCCA CAVALLO
CORVO RISO
CANE SEMI
ASINO ACQUA

13 - Camping

```
T A C O R D A C C A B I N A
E V A L Q F R A C P F T P T
N V P A J P U N A T U R A H
D E P K N Z M O N T A G N A
A N E A D I C A C C I A B A
E T L A G O M G J O C W B L
T U L Q B A O A L U N A U B
G R O U M D U N L T E M S E
E A C Z Z A R S I I B N S R
Z O D P D F P Q Q W S W O I
I N S E T T O P Z Y L R L M
N F F O R E S T A D D T A F
S D O B A M A C A N P B Q C
D I V E R T I M E N T O T P
```

AVVENTURA
ANIMALI
CABINA
CANOA
BUSSOLA
FUOCO
FORESTA
DIVERTIMENTO
AMACA
CAPPELLO

CACCIA
INSETTO
LAGO
MAPPA
LUNA
MONTAGNA
NATURA
CORDA
TENDA
ALBERI

14 - Conservation

```
I N Q U I N A M E N T O S S
C A M B I A M E N T I D B O
V O L O N T A R I O Q L O S
Z E C O S I S T E M A S L T
H D O J T R I C I C L A R E
C A M B I E N T A L E L R N
I F B G N C O T S R Q U I I
C B Z I A D L R R Y N T D B
L V U F T U W I G Q R E U I
O E R S U A U J M A F I R L
N R Y E R K T C S A N D R E
E D U C A Z I O N E G I E D
Q E U P L A C Q U A Z B C N
G I R P E S T I C I D A D O
```

CAMBIAMENTI
CLIMA
CICLO
ECOSISTEMA
EDUCAZIONE
AMBIENTALE
VERDE
HABITAT
SALUTE
NATURALE
ORGANICO
PESTICIDA
INQUINAMENTO
RICICLARE
RIDURRE
SOSTENIBILE
VOLONTARIO
ACQUA

15 - Cats

```
C U R I O S O G I O C O S O
L F U A R L W Q E F D T X A
V D Q W W H P O C O I O E U
P E R S O N A L I T À L E S
P G L A B X Z T I M I D O E
E Z Q O G I Z O Z A M P A L
L J F I C O O P C O D A F V
L A O J S E Z O C A O W Y A
I C A C C I A T O R E U I G
C I N D I P E N D E N T E G
C D I V E R T E N T E L R I
I A F F E T T U O S O W U O
A D O R M I R E W U T F P L
A R T I G L I O U E D Q T U
```

AFFETTUOSO
ARTIGLIO
PAZZO
CURIOSO
VELOCE
DIVERTENTE
PELLICCIA
CACCIATORE
INDIPENDENTE
POCO

TOPO
ZAMPA
PERSONALITÀ
GIOCOSO
TIMIDO
DORMIRE
CODA
SELVAGGIO
FILO

16 - Numbers

```
V S E D I C I M H F S A W L
S E I O X M Z D A U T B N J
T T N Z J Y O M A N T M B S
R T J T D J M E F O O R G I
E E H Y I D I E C I N V E Z
D I D I C I A N N O V E E S
I A A I C I N Q U E U G Q
C D O Q A D I C I O T T O U
I O T U S T D U E I X F M I
I D T A S D E C I M A L E N
B I O T E U N T J A S H X D
N C E T T F M H N P N N C I
O I Y R T H Q H Y G Z B C C
H B Q O E Z I Z C X T Y Y I
```

DECIMALE   DICIASSETTE
OTTO   SEI
DICIOTTO   SEDICI
QUINDICI   DIECI
CINQUE   TREDICI
QUATTRO   TRE
NOVE   DODICI
DICIANNOVE   VENTI
UNO   DUE
SETTE

17 - Spices

```
K N O C E M O S C A T A Q L
A L I Q U I R I Z I A N R F
P M L Z F R G H U W S D D A
R L A E K Y R J G U S T O C
N G Y R O C F Y I C P L L U
Z C I P O L L A F C R L C M
A P A P R I K A G L I O E I
F F I N O C C H I O P X O N
F C X F I E N O G R E C O O
E U Q U Z C C A N N E L L A
R C O N E Z E N Z E R O F J
A C A R D A M O M O S A L E
N C O R I A N D O L O T Q P
O V A N I G L I A Y E A C L
```

ANICE
AMARO
CARDAMOMO
CANNELLA
CORIANDOLO
CUMINO
CURRY
FINOCCHIO
FIENO GRECO
GUSTO

AGLIO
ZENZERO
LIQUIRIZIA
NOCE MOSCATA
CIPOLLA
PAPRIKA
ZAFFERANO
SALE
DOLCE
VANIGLIA

18 - Mammals

```
B N K W D C O Y O T E L I K
G V Z N W A A O C R K F X C
Z O W L N N U N C W T W O S
E L R D X E Q L G T O R O C
B P E I E C K G C U D N J I
R E H Z L L U P O E R M T M
A E U L E L F B Y R J O B M
G I R A F F A I X E O P A I
Y C A V A L L O N S R E L A
B I C O N I G L I O S C E G
K Y S C T E Y T M X O O N D
X P G L E O N E R M Z R A Z
C A S T O R O P P S X A O H
P N L E S G A T T O A P P D
```

ORSO
CASTORO
TORO
GATTO
COYOTE
CANE
DELFINO
ELEFANTE
VOLPE
GIRAFFA

GORILLA
CAVALLO
CANGURO
LEONE
SCIMMIA
CONIGLIO
PECORA
BALENA
LUPO
ZEBRA

19 - Fishing

```
M P A Z I E N Z A C F P A E
F A P G B R A N C H I E T S
I C S P I N N E T W U S T A
L Q W C S E Y D L B M O R G
O U Y G E U T E E R E A E E
K A L T W L H K S G S L Z R
Q W H C H C L I C A T C Z A
Q Z O Y X M B A A N A E A Z
C U C I N A R E O C G S T I
X L E E B A F B E I I T U O
K F A I R A T W L O O O R N
I F N G I P R J E Z N T A E
H U O B O Y G C U W E K F M
S P I A G G I A A I H J Q M
```

ESCA
CESTO
SPIAGGIA
BARCA
CUCINARE
ATTREZZATURA
ESAGERAZIONE
PINNE
BRANCHIE
GANCIO

MASCELLA
LAGO
OCEANO
PAZIENZA
FIUME
STAGIONE
ACQUA
PESO
FILO

20 - Restaurant #1

```
S M C A S S I E R E U P C I
A C A F F È K O N D T R U N
Y W R N B X M M B A O E C G
A P N X G C C I Z A V N I R
B I E K C I O T O L A O N E
N C D F P B A F D L G T A D
S C C K Y O A R U E L A G I
L A O D B K L H E R I Z P E
W N L E C B G L P G O I A N
T T T S P A N E O I L O O T
M E E S A Y E U E A O N R I
E K L E P I A T T O B E E I
N E L R C A M E R I E R A F
Ù P O T L T D X J A Q T D J
```

ALLERGIA
CIOTOLA
PANE
CASSIERE
POLLO
CAFFÈ
DESSERT
CIBO
INGREDIENTI
CUCINA

COLTELLO
CARNE
MENÙ
TOVAGLIOLO
PIATTO
PRENOTAZIONE
SALSA
PICCANTE
MANGIARE
CAMERIERA

21 - Bees

```
F R U T T A R F P O H B C E
U I J H A C E I O S T S H S
P I A N T E G O L O A Z Y Y
P L E P B R I R L L S H M U
A L I E F A N I I E C T D E
D F E X N T A R N O I B I I
G A L V E A R E E E A B V N
F I E C O S I S T E M A E S
C I A H A B I T A T E R R E
I P O R G P O N F U M O S T
B J T R D Y Q L Y Z I X I T
O I I Y I I Q S N E O T O
U R L G O B N C Q C L C À U
B E N E F I C O Z T E T Q Z
```

BENEFICO
FIORIRE
DIVERSITÀ
ECOSISTEMA
FIORI
CIBO
FRUTTA
GIARDINO
HABITAT
ALVEARE

MIELE
INSETTO
PIANTE
POLLINE
REGINA
FUMO
SOLE
SCIAME
CERA
ALI

22 - Sports

```
W B H Q B Z N N M W P M G A
G I N N A S T I C A A O J L
I C U B S T E G K R L V U L
O I O A E A N G C B E I Z E
C C T S B D K X R I S M G N
O L A K A I G R I T T E I A
T E R E L O D O X R R N O T
Y T E T L L K J L O A T C O
G T T C J K I X G F Z O A R
D A X E D C N I D B H H T E
J K Y W N R F T H Z X W O D
D J C H R N A T L E T A R C
S A D S A U I Q H O C K E Y
W O E W A D K S Q U A D R A
```

ATLETA
BASEBALL
BASKET
BICICLETTA
ALLENATORE
GIOCO
GOLF
PALESTRA
GINNASTICA

HOCKEY
MOVIMENTO
GIOCATORE
ARBITRO
STADIO
SQUADRA
TENNIS
NUOTARE

23 - Weather

```
L S S T C W M J C Y K U G Y
C I A U E L P O L A R E B E
T C L O C K I E N E B B I A
S C W N U A T M O S F E R A
U I B O U R A G A N O H I T
C T E G R P F U L M I N E X
C À A R C O B A L E N O E T
T E M P E R A T U R A Y K O
T E R Z B A S C I U T T O R
J E W N C R H S N N V N G N
O U D Y C I E L O U E Z Q A
O Q D F B D T Z S B N F F D
G H I A C C I O Z E T N S O
T E M P E S T A R A O P N Y
```

ATMOSFERA
BREZZA
CLIMA
NUBE
SICCITÀ
ASCIUTTO
NEBBIA
URAGANO
GHIACCIO
FULMINE

MONSONE
POLARE
ARCOBALENO
CIELO
TEMPESTA
TEMPERATURA
TUONO
TORNADO
VENTO

24 - Adventure

```
A I D I F F I C O L T À O E
B T T S P D K A C D S B P N
U Y T I I O L S I O N E P T
F K T I N C C O K S A L O U
T T U H V E U N M O T L R S
A M I C I I R R N Y U E T I
S F I D E Q T A E H R Z U A
A I T I S P K À R Z A Z N S
C O R A G G I O B I Z A I M
E S C U R S I O N E O A T O
D E S T I N A Z I O N E À T
H Q N C P E R I C O L O S O
P R E P A R A Z I O N E H Y
N U O V O G G I O I A F I S
```

ATTIVITÀ
BELLEZZA
CORAGGIO
SFIDE
CASO
PERICOLOSO
DESTINAZIONE
DIFFICOLTÀ
ENTUSIASMO
ESCURSIONE
AMICI
ITINERARIO
GIOIA
NATURA
NUOVO
OPPORTUNITÀ
PREPARAZIONE
SICUREZZA

25 - Circus

```
G I O C O L I E R E L S C M
C H N S U U A S T Y I H L O
T O P P R X F C A E I Q O S
I C S E M U S I C A N Y W T
G A P T G A A M R N T D N R
R R A T U U G M O I R M A A
E A R A W M L I B M A T M R
A M A T P Z E A A A T R H E
Y E T O M K O P T L T U L M
W L A R A M N U A I E C S E
S L A E G B E G P I N C K X
C A U C O X C T X K E O G G
P A L L O N C I N I R I G D
E L E F A N T E R Q E T F M
```

ACROBATA
ANIMALI
PALLONCINI
CARAMELLA
CLOWN
COSTUME
ELEFANTE
INTRATTENERE
GIOCOLIERE
LEONE
MAGIA
MAGO
SCIMMIA
MUSICA
PARATA
MOSTRARE
SPETTATORE
TENDA
TIGRE
TRUCCO

26 - Restaurant #2

```
T S P E Z I E Z U F Q V F G
A P E R I T I V O S N E O H
Z L O D Y N F K V Z F R R I
L J R N I B C H A L W D C A
F R U T T A R R W M H U H C
F B C U C C H I A I O R E C
D E L I Z I O S O N S E T I
S V A C Q U A Q C E N A T O
T A K J M C E N M S M C A T
Q N L P E S C E K T R S D F
T D M E I W C D P R O L T K
C A M E R I E R E A S R P L
X I N S A L A T A U B W T O
W I O U P R A N Z O P G P A
```

APERITIVO
BEVANDA
TORTA
SEDIA
DELIZIOSO
CENA
UOVA
PESCE
FORCHETTA
FRUTTA

GHIACCIO
PRANZO
INSALATA
SALE
MINESTRA
SPEZIE
CUCCHIAIO
VERDURE
CAMERIERE
ACQUA

27 - Geology

```
Z E S F H R N R S T R A T O
A L T O P I A N O A H X G M
C C A S V T C O R A L L O I
I P L S U E O Q H A Q E A N
D I A I L R N J N H Z R E E
O E T L C R T J C H S O E R
X T T E A E I C R U G S N A
R R I W N M N C I L E I H L
R A T A O O E A S P Y O E I
Q Y E J Z T N L T A S N F D
C I C L I O T C A C E E H F
M J H B O H E I L V R O N S
X J Q U A R Z O L R A Z E J
C A V E R N A P I Z G U G E
```

ACIDO
CALCIO
CAVERNA
CONTINENTE
CORALLO
CRISTALLI
CICLI
TERREMOTO
EROSIONE
FOSSILE

GEYSER
LAVA
STRATO
MINERALI
ALTOPIANO
QUARZO
SALE
STALATTITE
PIETRA
VULCANO

28 - House

```
R L P P Q W R P U T S X R B
E A O A T T I C O E P X I I
C M R V G Y B A J N E G R B
I P T I Z I P M B D C A C L
N A A M H B A E F E C R A I
T D I E M L R R P C H A M O
O A C N P F E A D H I G I T
Y E C T E T T O F I O E N E
O B T O S W E F M A N P O C
U W Y R R C T B L V S O U A
D O C C I A O I Y I Z X Z I
C U C I N A E P Y Z J K C N
M O B I L I O F A H P T F C
U J S G Z F I N E S T R A Q
```

ATTICO
SCOPA
TENDE
PORTA
RECINTO
CAMINO
PAVIMENTO
MOBILIO
GARAGE
GIARDINO
CHIAVI
CUCINA
LAMPADA
BIBLIOTECA
SPECCHIO
TETTO
CAMERA
DOCCIA
PARETE
FINESTRA

29 - School #1

```
I  M  A  T  E  M  A  T  I  C  A  O  L  N
N  B  N  I  S  U  C  T  O  S  L  D  E  L
S  E  D  I  A  P  O  I  P  G  W  C  G  E
E  U  B  P  M  U  R  Z  J  A  R  O  G  A
G  R  X  D  I  J  R  A  W  S  Q  C  E  L
N  J  L  S  C  G  X  U  N  K  C  A  R  F
A  M  I  C  I  A  H  L  O  Z  S  R  E  A
N  G  B  I  Z  S  R  A  W  J  O  T  I  B
T  H  M  I  Y  M  A  T  I  T  A  A  N  E
E  U  F  J  P  E  N  N  E  Q  U  I  Z  T
Q  L  I  B  R  I  J  Q  X  L  T  R  D  O
B  I  B  L  I  O  T  E  C  A  L  E  S  D
D  P  E  R  I  M  P  A  R  A  R  E  Q  F
Q  I  A  C  R  I  S  P  O  S  T  E  C  J
```

ALFABETO
RISPOSTE
LIBRI
SEDIA
AULA
ESAMI
CARTELLE
AMICI
BIBLIOTECA
PRANZO
MATEMATICA
CARTA
MATITA
PENNE
QUIZ
INSEGNANTE
PER IMPARARE
LEGGERE

30 - Dance

```
E M O Z I O N E H U M A T P
Z L U R I T M O G E O C R G
E S P R E S S I V O V C A G
M C O R E O G R A F I A D I
C U L T U R A L E X M D I O
D R S G R A Z I A G E E Z I
C C I I V I S I V O N M I O
L H X W C P R O V A T I O S
A R W H C A D B O L O A N O
S Q H L I O P O S T U R A A
S A H O K G R F Z Q A T L Z
I W L N F X Y P H J Y E E O
C U L T U R A E O Y T Z D D
O N T Y O C O M P A G N O Y
```

ACCADEMIA
ARTE
CORPO
COREOGRAFIA
CLASSICO
CULTURALE
CULTURA
EMOZIONE
ESPRESSIVO
GRAZIA
GIOIOSO
SALTO
MOVIMENTO
MUSICA
COMPAGNO
POSTURA
PROVA
RITMO
TRADIZIONALE
VISIVO

31 - Colors

```
A M M C I A N O R Y P W R C
Q R A G I A L L O O Q S O R
O J A G R I G I O R S K S E
S F Y N E N E R O N E S A M
Y I Q L C N I T V T P E O I
D I J Y D I T H E I P Z H S
P N C L H N A A R M I L Y I
U K F S F D T I D C A G N Z
Q B L U U A B J E B Z S C H
U E X E C C A T J H Z Y M R
R I F W S O E Q L D U L E G
U G Z V I O L A W D R H I I
C E B M A R R O N E R Y L K
B I A N C O W K W G O M Y S
```

AZZURRO
BEIGE
NERO
BLU
MARRONE
CREMISI
CIANO
FUCSIA
VERDE
GRIGIO

INDACO
MAGENTA
ARANCIA
ROSA
VIOLA
ROSSO
SEPPIA
BIANCO
GIALLO

32 - Climbing

```
H A T U D L S G U A N T I S
P G U I D E F T Q L S R Q T
M A P P A S I E I O R I U R
H L O U N I D R C V K S D E
F I S I C O E R C A A E L T
S U J I Z N N E Q A S L H T
G T H Q D E S N M M X C I O
E S C U R S I O N I T E O F
J W A T M O S F E R A S K O
A L T I T U D I N E X P R R
S T A B I L I T À H Q E C Z
C U R I O S I T À P W R T A
L Q R T U G B L G R O T T A
F O R M A Z I O N E Y O D R
```

ALTITUDINE
ATMOSFERA
STIVALI
GROTTA
SFIDE
CURIOSITÀ
ESPERTO
GUANTI
GUIDE
CASCO

ESCURSIONI
LESIONE
MAPPA
STRETTO
FISICO
STABILITÀ
FORZA
TERRENO
FORMAZIONE

33 - Shapes

```
C A H Q D L L F P M M L F D
X O N R M I P E R B O L E W
P G N G H L G N I L X H C J
H H S O O T D I S R M Y K H
N S E F P L B K M E T T G H
F O G P G A O L A A C I Q P
O V A L E O F I M R Q S P I
S F E R A H N N E C U B O R
E L L I S S E E L O A O L A
Z P E C U R V A M S D R I M
R E T T A N G O L O R D G I
C E R C H I O X A M A I O D
C I L I N D R O D P T B N E
L A T O T R I A N G O L O A
```

ARCO
CERCHIO
CONO
ANGOLO
CUBO
CURVA
CILINDRO
BORDI
ELLISSE
IPERBOLE

LINEA
OVALE
POLIGONO
PRISMA
PIRAMIDE
RETTANGOLO
LATO
SFERA
QUADRATO
TRIANGOLO

34 - Scientific Disciplines

```
Q G D B I O L O G I A J R K
F I S I O L O G I A M Y N I
A S T R O N O M I A I F A N
F N B I O C H I M I C A N E
T E R M O D I N A M I C A S
S U E C O L O G I A Y W T I
A R C H E O L O G I A H O O
B O T A N I C A J P H L M L
E L I N G U I S T I C A I O
B O P S I C O L O G I A A G
J G W J F G E O L O G I A I
M I N E R A L O G I A P J A
J A I M M U N O L O G I A A
S O C I O L O G I A K U N O
```

ANATOMIA
ARCHEOLOGIA
ASTRONOMIA
BIOCHIMICA
BIOLOGIA
BOTANICA
ECOLOGIA
GEOLOGIA
IMMUNOLOGIA

KINESIOLOGIA
LINGUISTICA
MINERALOGIA
NEUROLOGIA
FISIOLOGIA
PSICOLOGIA
SOCIOLOGIA
TERMODINAMICA

35 - School #2

```
X T L E S N A Z A I N O F F
N P S E R A M I C I X A K O
U R H P A R R X C X L K C R
N I L E T T E R A T U R A B
X C F B T G N Q D Z A G L I
F O R N I T U R E O U U E C
F M Y M V B T P M W T M N I
R P K L I S L H I U O A D O
S U I O T L C I C O B T A W
Z T P H À F F I O A U I R Y
Y E H C A R T A E T S T I Q
C R G O M M A O X N E A O D
E D U C A Z I O N E Z C U C
L I B R I X L L M M R A A L
```

ACCADEMICO
ATTIVITÀ
ZAINO
LIBRI
AUTOBUS
CALENDARIO
COMPUTER
EDUCAZIONE
GOMMA

AMICI
BIBLIOTECA
LETTERATURA
CARTA
MATITA
SCIENZA
FORBICI
FORNITURE

36 - Science

```
T F U J Q P E F O S S I L E
T I P W Q G V C L I M A N C
U S E L W R O H M F A T T O
L I N E H A L I E E F O L T
O C C P X V U M G M T M U Q
M A J L M I Z I D T H O Y N
J O P A R T I C E L L E D C
R K L L J À O O Q K F X R O
J W S E Z O N I P O T E S I
S S R K C W E A P I A N T E
P Y L A B O R A T O R I O F
G Z L P I Y L Y X U Z X Q I
D A T I R U H E H P R R T L
M I N E R A L I F Q W A I Q
```

ATOMO
CHIMICO
CLIMA
DATI
EVOLUZIONE
FATTO
FOSSILE
GRAVITÀ
IPOTESI
LABORATORIO
METODO
MINERALI
MOLECOLE
NATURA
PARTICELLE
FISICA
PIANTE

37 - To Fill

```
A Y X B Z A B K T N S B B Z
D B T T K I C O C V J A A R
A G P U Q U W A R A O R C N
S F K T B P A N I S B I I P
E B I M R O S A B C A L N A
C A R T E L L A N A V E O I
C V A S O D T C A S S A R G
H C E S T O S C A T O L A G
I A I O P A C C H E T T O B
O R J U V A S S O I O Q I D
A T B U S T A C L U H F L O
B O T T I G L I A J H B O Y
R N H P C A S S E T T O H J
P E M U X L V A L I G I A G
```

BORSA
BARILE
BACINO
CESTO
BOTTIGLIA
SCATOLA
SECCHIO
CARTONE
CASSA
CASSETTO

BUSTA
CARTELLA
PACCHETTO
TASCA
VALIGIA
VASSOIO
VASCA
TUBO
VASO
NAVE

38 - Summer

```
E I I G C G M P M K T F D A
T M J F I N U O T A R E G M
Z M Y H B O S A N D A L I I
T E M P O L I B E R O G A C
V R C A S A C A R N S M R I
A S N Q T C A B M D S A D E
C I H C E L A L C C P R I W
A O M M L W I M U U I E N U
N N D H L W O B P I A O O G
Z E K N E W W T R E G D S L
A Z S F D Q F A M I G L I A
B W D U S G I O C H I G U N
V I A G G I O T D H A Z I P
R I L A S S A M E N T O W O
```

SPIAGGIA
LIBRI
CAMPEGGIO
IMMERSIONE
FAMIGLIA
CIBO
AMICI
GIOCHI
GIARDINO
CASA

GIOIA
TEMPO LIBERO
MUSICA
RILASSAMENTO
SANDALI
MARE
STELLE
NUOTARE
VIAGGIO
VACANZA

39 - Clothes

```
B K H W O G I A C C A C G P
X R H U N O D M O D A A I I
J E A N S N C Q E P B P O G
M J C C S N G H E X I P I I
A C A I C A S U A X T O E A
G A P N I I C A A R O T L M
L M P T A G A Z N N G T L A
I I E U R C R L Q D T O O C
O C L R P W P K E N A I A R
N E L A A X A G H T D L J T
E T O C A M I C I A T B I M
T T P L P P A N T A L O N I
H A P T B Z E S T G G D X G
O X N J H G R E M B I U L E
```

GREMBIULE
CINTURA
CAMICETTA
BRACCIALETTO
CAPPOTTO
ABITO
MODA
GUANTI
CAPPELLO
GIACCA
JEANS
GIOIELLO
PIGIAMA
PANTALONI
SANDALI
SCIARPA
CAMICIA
SCARPA
GONNA
MAGLIONE

40 - Insects

```
A F I D E C C R T F Z C L K
Q P T T W H O V E O A A O D
F H E P U L C E R R N L C L
M A D J M Y C S M M Z A U X
M O R C F X I P I I A B S X
H A Y F E M N A T C R R T N
L Z N N A I E M E A A O A C
A D I T R L L Y P P I N I I
R Z J M I U L C M E D E B C
V E R M E D A A F A L E N A
A N I C O L E O T T E R O L
C A V A L L E T T A T R F A
X S C A R A F A G G I O M E
B Q J X H L I B E L L U L A
```

FORMICA
AFIDE
APE
COLEOTTERO
FARFALLA
CICALA
SCARAFAGGIO
LIBELLULA
PULCE
CAVALLETTA

CALABRONE
COCCINELLA
LARVA
LOCUSTA
MANTIDE
ZANZARA
FALENA
TERMITE
VESPA
VERME

41 - Astronomy

```
O A G P E C L I S S I H W N
S S A M Z G U C U L B J Z Z
S T L G W Q N O P N J J U L
E R A P I F A S E R A Z Z O
R O S I E A S T R O N O M O
V N S A M F W E N G H A E S
A A I N E B U L O S A S Q A
T U A E T T I L V A F T U T
O T G T E R R A A U H E I E
R A P A O F O Z P U Z R N L
I U O Z R A C I E L O O O L
O O H Z A D C O S M O I Z I
Z O D I A C O N D N J D I T
R N C L L R P E N X Y E O E
```

ASTEROIDE
ASTRONAUTA
ASTRONOMO
COSTELLAZIONE
COSMO
TERRA
ECLISSI
EQUINOZIO
GALASSIA
METEORA
LUNA
NEBULOSA
OSSERVATORIO
PIANETA
RAZZO
SATELLITE
CIELO
SUPERNOVA
ZODIACO

42 - Pirates

```
W D P Z H X A R S P A D A Y
D A Q O C T O N W R Q A U X
B A N D I E R A C M R I I Z
C V B W C S S U O A P Q B
A V U E A O O H G N R P R X
P E S K T R P L G E U A P W
I N S O R O B R A T M P E A
T T O R I M B U L E X P R S
A U L O C A T T I V O A I S
N R A W E H S C N S R G C Y
O A S P I A G G I A A A O P
E Q U I P A G G I O Y L L T
L E G G E N D A P M W L O F
B O T G R O T T A W I O S J
```

AVVENTURA
ANCORA
CATTIVO
SPIAGGIA
CAPITANO
GROTTA
MONETE
BUSSOLA
EQUIPAGGIO
PERICOLO

BANDIERA
ORO
ISOLA
LEGGENDA
MAPPA
PAPPAGALLO
RUM
CICATRICE
SPADA
TESORO

43 - Time

```
P E Q M E Z Z O G I O R N O
R C A L E N D A R I O M O D
I O R A B S N O T T E A R L
M I N U T O E J N P I T O S
A D B J A P R E S T O T L C
G I O R N O I E E X I I O C
Q L O P N W U D C H M N G L
Z H E K O B G E O W C A I C
F U T U R O N C L T P P O S
G M R M U K F E O L E M T X
S E T T I M A N A B E F G G
Y D W P E K A N N U A L E Q
G X L B R W Q I K K O G G I
X Y R C I M S O L W R U A O
```

DOPO
ANNUALE
PRIMA
CALENDARIO
SECOLO
OROLOGIO
GIORNO
DECENNIO
FUTURO
ORA

MINUTO
MESE
MATTINA
NOTTE
MEZZOGIORNO
PRESTO
OGGI
SETTIMANA
ANNO
IERI

44 - Buildings

```
O A H O T E L T O R R E O M
A S T A D I O E I A L W S U
P O P Z E I I N L M S L S S
P C F E Q J H D Z B U C E E
A R A I D M Q A R A P C R O
R P M B E A X Z G S E J V F
T K S U I N L M C C R C A A
A P C L R N I E I I M A T B
M O U K U D A L N A E S O B
E G O W A K O Y E T R T R R
N L L H Y Q S P M A C E I I
T E A T R O M H A Y A L O C
O S T E L L O J S H T L K A
L A B O R A T O R I O O Q H
```

APPARTAMENTO
FIENILE
CABINA
CASTELLO
CINEMA
AMBASCIATA
FABBRICA
OSPEDALE
OSTELLO
HOTEL

LABORATORIO
MUSEO
OSSERVATORIO
SCUOLA
STADIO
SUPERMERCATO
TENDA
TEATRO
TORRE

45 - Herbalism

```
P Z A F F E R A N O M P M I
F I O R E O X G D G R G A N
H L A K U X R L A O I J G G
I T Q N B A S I L I C O G R
R B E R T D P O G G N D I E
M E N T A A Z Q R A X B O D
B E N E F I C O H R N N R I
A B P R E Z Z E M O L O A E
L A V A N D A A Q M A Y N N
Q N E G U S T O M A Z N A T
O S R A D G H I B T T Y K E
G O D R O S M A R I N O W Q
F C E Z L F I N Y C T W I I
F I N O C C H I O O Q L F X
```

AROMATICO
BASILICO
BENEFICO
FINOCCHIO
GUSTO
FIORE
AGLIO
VERDE
INGREDIENTE
LAVANDA
MAGGIORANA
MENTA
ORIGANO
PREZZEMOLO
PIANTA
ROSMARINO
ZAFFERANO

46 - Toys

```
I  J  P  X  G  R  J  S  R  K  E  W  B  A
V  E  R  N  I  C  I  B  O  I  S  H  A  R
A  T  E  P  O  O  J  Y  B  Z  U  Z  R  T
Q  R  F  I  C  A  M  I  O  N  M  K  C  I
U  A  E  Y  H  F  M  J  T  D  Z  J  A  G
I  U  R  B  I  C  I  C  L  E  T  T  A  I
L  T  I  A  S  P  B  X  D  O  F  U  R  A
O  O  T  M  I  C  U  A  D  S  Q  M  G  N
N  G  O  B  C  L  A  Z  T  B  B  T  I  A
E  T  M  O  U  I  E  C  Z  T  T  O  L  T
P  A  L  L  A  B  R  I  C  L  E  F  L  O
D  J  H  A  T  R  E  N  O  H  E  R  A  J
S  F  K  H  D  I  O  L  P  N  I  J  I  I
I  M  M  A  G  I  N  A  Z  I  O  N  E  A
```

AEREO
PALLA
BICICLETTA
BARCA
LIBRI
AUTO
SCACCHI
ARGILLA
ARTIGIANATO
BAMBOLA
BATTERIA
PREFERITO
GIOCHI
IMMAGINAZIONE
AQUILONE
VERNICI
PUZZLE
ROBOT
TRENO
CAMION

47 - Vehicles

```
C A R A V A N T L X B I A D
S O T T O M A R I N O J M C
P X Z A E B U A T D O T B C
C N R X F A T G R A A M U Q
A Y E I R R O H A R X E L H
M O O U A C I E T U A C A F
I J K N M A G T T K G Z N S
O C B W A A U T O B U S Z C
N N R R E R T O R T W I A O
M O T O R E Y I E E A S F O
P N A V E T T A C X T A Z T
L M O C O B K C F I U P J E
M E T R O P O L I T A N A R
T Q E L I C O T T E R O J Y
```

AEREO
AMBULANZA
BARCA
AUTOBUS
AUTO
CARAVAN
TRAGHETTO
ELICOTTERO
MOTORE
RAZZO
SCOOTER
NAVETTA
SOTTOMARINO
METROPOLITANA
TAXI
PNEUMATICI
TRATTORE
CAMION

48 - Flowers

```
T R I F O G L I O Q Y X E O
X N M A G N O L I A C P P R
L A G T E I J I U F Y I F C
A R I U L X R M W P R B P H
V C G L S Z O A T P X I A I
A I L I O P C R S E C S S D
N S I P M A J G S O A C S E
D O O A I P E H P N L O I A
A O H N N A X E E I E E F B
E O J O O V L R T A N Y L K
J P L U M E R I A T D Z O O
G I J Y C R I T L B U L R B
M A Z Z O O D A O L L H A U
G A R D E N I A S S A Q X I
```

MAZZO
CALENDULA
TRIFOGLIO
NARCISO
MARGHERITA
GARDENIA
IBISCO
GELSOMINO
LAVANDA
LILLA

GIGLIO
MAGNOLIA
ORCHIDEA
PASSIFLORA
PEONIA
PETALO
PLUMERIA
PAPAVERO
GIRASOLE
TULIPANO

49 - Town

```
B I B L I O T E C A X S Z M
H O T E L Y H W N A J R O E
S U P E R M E R C A T O O R
T P F W A R E O R O M N N C
A B U K T T L I B R E R I A
D A T K G Z R C I N E M A T
I N E G O Z I O R J J E S O
O C F A R M A C I A Y Q C Y
M A C L I N I C A E X Z U X
L U U N I V E R S I T À O B
M O S A E R O P O R T O L F
M U E E G A L L E R I A A B
X U F I O R I S T A U Y F M
P A N E T T E R I A S D A D
```

AEROPORTO
PANETTERIA
BANCA
LIBRERIA
CINEMA
CLINICA
FIORISTA
GALLERIA
HOTEL
BIBLIOTECA
MERCATO
MUSEO
FARMACIA
SCUOLA
STADIO
NEGOZIO
SUPERMERCATO
TEATRO
UNIVERSITÀ
ZOO

50 - Antarctica

```
S A C Q U A N R P C D I R M
S P I D I J U H E O X S I I
C U E B K O V R N N U O C N
I T B D M I O E I T G L E E
E O O B I S L H S I H E R R
N P I A G Z E X O N I U C A
T O Y I R T I L L E A C A L
I G P A A T K O A N C C T I
F R K R Z Q D A N T C E O N
I A M B I E N T E E I L R Q
C F K R O C C I O S O L E M
O I Y S N G H I A C C I A I
U A I G E O G R A F I A R F
T E M P E R A T U R A A Y K
```

BAIA
UCCELLI
NUVOLE
CONTINENTE
AMBIENTE
SPEDIZIONE
GEOGRAFIA
GHIACCIAI
GHIACCIO
ISOLE

MIGRAZIONE
MINERALI
PENISOLA
RICERCATORE
ROCCIOSO
SCIENTIFICO
TEMPERATURA
TOPOGRAFIA
ACQUA

51 - Ballet

```
S C O M P O S I T O R E B B
A T C O R E O G R A F I A A
B W I L E Z I O N I W M L L
I P P L C F X C Z I O U L L
L R I T E C N I C A N S E E
I A R T I S T I C O F I R R
T T I N T E N S I T À C I I
À I T G R A Z I O S O A N N
G C M O R C H E S T R A A I
E A O E S P R E S S I V O B
S P U B B L I C O L W H O Z
T Q T L A P P L A U S O I A
O G H B F A W D K Z Q H H E
M U S C O L I D Q O W U G G
```

APPLAUSO
ARTISTICO
PUBBLICO
BALLERINA
COREOGRAFIA
COMPOSITORE
BALLERINI
ESPRESSIVO
GESTO
GRAZIOSO
INTENSITÀ
LEZIONI
MUSCOLI
MUSICA
ORCHESTRA
PRATICA
RITMO
ABILITÀ
STILE
TECNICA

52 - Human Body

```
C A V I G L I A B P D N M C
C W Q C A I F A C C I A A E
C U G T M A N O D C T S S R
O Y O E B L N O F L O O C V
L K S R A O S R C A S A E E
L W S D E S X E M C U G L L
O G A A J A E C R G H H L L
O I W U F N Q C S O F I A O
T E S T A G N H P M P M O Z
P E L L E U M I A I C Z E B
P P Z Z N E E O L T C N B J
C B Z A B Z N L L O U Y K T
U Z M D H P T C A F K A J U
R D T K P B O C C A B W Z Y
```

CAVIGLIA
SANGUE
OSSA
CERVELLO
MENTO
ORECCHIO
GOMITO
FACCIA
DITO
MANO
TESTA
CUORE
MASCELLA
GINOCCHIO
GAMBA
BOCCA
COLLO
NASO
SPALLA
PELLE

53 - Musical Instruments

```
Z M A P R D W T R O M B A V
F A G O T T O A V S C A S I
P N F T Q F E M I A L N O O
O D E L A P B B O S A J T L
I O D T A D H U L S R O R O
H L K H M U R R I O I F O N
R I L G E A T O N F N I M C
S N J P D F R O O O E E B E
G O N G X T Z I Z N T Y O L
C A R I L L O N M O T X N L
C H I T A R R A E B O X E O
P I A N O F O R T E A R P A
P E R C U S S I O N E R L Q
D T A M B U R E L L O B O E
```

BANJO
FAGOTTO
VIOLONCELLO
CARILLON
CLARINETTO
TAMBURO
FLAUTO
GONG
CHITARRA
ARPA
MANDOLINO
MARIMBA
OBOE
PERCUSSIONE
PIANOFORTE
SASSOFONO
TAMBURELLO
TROMBONE
TROMBA
VIOLINO

54 - Cooking Tools

```
P B T T O S T A P A N E G U
F O E E E S W E A H Z U C P
I L S G R A T T U G I A O C
L L T A Y M S T K B G G L U
T I U O T O O P O O B T I C
R T F X B E K M A A H F N C
O O A F O R N O E T Z R O H
A R O F R U L L A T O R E I
S E F O R B I C I T R L O A
F R I G O R I F E R O O A I
B F I Y K S C O L T E L L O
F O R C H E T T A M L M W D
S P R E M I A G R U M I X D
C O P E R C H I O P N L I J
```

FRULLATORE
COLINO
POSATE
FORCHETTA
GRATTUGIA
SPREMIAGRUMI
BOLLITORE
COLTELLO
COPERCHIO

FORNO
FRIGORIFERO
FORBICI
SPATOLA
CUCCHIAIO
STUFA
FILTRO
TERMOMETRO
TOSTAPANE

55 - Fruit

```
P Y F S O Q U O U J U P G L
M A F S M U E S V R L E U A
A C I L I E G I A F Q R B M
N O C E D I C O C C O A A P
G L O A V O C A D O A P N O
O C I B A C C A F T Q A A N
P Y A M E L A B U G G P N E
E D C E O U D H Q U K A A J
S M Z Q W N E T T A R I N A
C B J O T D E W J V T A W D
A L B I C O C C A A G O E I
A N A N A S Y H M E L O N E
F E A F O Q W W L L Q W B W
L B Z G W T N I J X R T A H
```

MELA
ALBICOCCA
AVOCADO
BANANA
BACCA
CILIEGIA
NOCE DI COCCO
FICO
UVA
GUAVA

KIWI
LIMONE
MANGO
MELONE
NETTARINA
PAPAIA
PESCA
PERA
ANANAS
LAMPONE

56 - Virtues #1

```
D P U O I G J M A I I B T A
P A R T T R Y I P N N Y C F
U R P A I C N G P T D B T F
L T A F T L S T A E I U N A
I I Z F G I E R S L P O O S
T S I I E S C M S L E N D C
O T E D N A U O I I N O E I
W I N A E G R D O G D G C N
J C T B R G I E N E E G I A
E O E I O I O S A N N P S N
Q S N L S O S T T T T X I T
E D I E O A O O O E E G V E
D I V E R T E N T E P W O M
E F F I C I E N T E T Q S W
```

ARTISTICO
AFFASCINANTE
PULITO
CURIOSO
DECISIVO
EFFICIENTE
DIVERTENTE
GENEROSO
BUONO
UTILE
INDIPENDENTE
INTELLIGENTE
MODESTO
APPASSIONATO
PAZIENTE
PRATICO
AFFIDABILE
SAGGIO

57 - Kitchen

```
B O L L I T O R E J C T V M
B A C C H E T T E R U A A A
S I S P U G N A M S C Z S N
F T P X C F P S P C Z O G
G O G N I I F X T E H E U I
R V R E B C O L E Z I F N A
E A I N O O R K N I A C O R
M G G Y O L C Z C E I A X E
B L L M H T H C I O T O L A
I I I J L E E R I C E T T A
U O A K P L T B R O C C A Q
L L U U U L T N M J Q D P W
E O C C Q I E I S R D O Y Q
C O N G E L A T O R E L F G
```

GREMBIULE
CIOTOLA
BACCHETTE
TAZZE
CIBO
FORCHETTE
CONGELATORE
GRIGLIA
VASO
BROCCA

BOLLITORE
COLTELLI
TOVAGLIOLO
FORNO
RICETTA
SPEZIE
SPUGNA
CUCCHIAI
MANGIARE

58 - Art Supplies

```
T I E B B E P I Z G L B X R
C A C Q U A K Z U Q O T C C
A C V C A R T A L R L M F R
V R L O M A T I T E I S M E
A I Y L L C S D R W O P B A
L L X L U O S E D I A A P T
L I O A K L V E H E W Z Y I
E C A R B O N E J A J Z P V
T O P Q F R T O R J D O Q I
T O B E A I H J J N H L R T
O A C Q U E R E L L I E C À
A R G I L L A O G L P C K E
R T E L E C A M E R A A I F
I N C H I O S T R O S D F P
```

ACRILICO
SPAZZOLE
TELECAMERA
SEDIA
CARBONE
ARGILLA
COLORI
CREATIVITÀ
CAVALLETTO
GOMMA

COLLA
IDEE
INCHIOSTRO
OLIO
VERNICI
CARTA
MATITE
TAVOLO
ACQUA
ACQUERELLI

59 - Science Fiction

```
M G F F C I N E M A T R F D
I A A Z U E S T R E M O J I
S L N K B O L I B R I B I S
T A T L B R C L O N I O L T
E S A E U C M O N D O T L O
R S S J C P I A N E T A U P
I I T U N N B F K W Z G S I
O A I M T N O Z J O X R I A
S D C G Z O C L Z X N K O Z
O S O Y E S P L O S I O N E
O R A C O L O I O G R T E A
A T O M I C O M A I I A Z X
I M M A G I N A R I O A E T
F U T U R I S T I C O K M N
```

ATOMICO
LIBRI
CINEMA
CLONI
DISTOPIA
ESPLOSIONE
ESTREMO
FANTASTICO
FUOCO
FUTURISTICO
GALASSIA
ILLUSIONE
IMMAGINARIO
MISTERIOSO
ORACOLO
PIANETA
ROBOT
TECNOLOGIA
UTOPIA
MONDO

60 - Airplanes

```
P A L L O N C I N O E A E A
J D I S C E S A Z A Q T L V
D M Z Z A I W U O L U T I V
A T M O S F E R A T I E C E
A L T I T U D I N E P R H N
S I M Q D X W Y A Z A R E T
R T J S B R O R R Z G A P U
M J O F E K O D I A G G I R
O X R R G R Y G A L I G L A
T D E S I G N F E A O I O L
O W C X A A N W L N F O T J
R C I E L O E D D F O I A K
E P A S S E G G E R O I J F
R C A R B U R A N T E C X R
```

AVVENTURA
ARIA
ALTITUDINE
ATMOSFERA
PALLONCINO
EQUIPAGGIO
DISCESA
DESIGN
MOTORE

CARBURANTE
ALTEZZA
STORIA
IDROGENO
ATTERRAGGIO
PASSEGGERO
PILOTA
ELICHE
CIELO

61 - Ocean

```
S Q U A L O P E S C E N E O
P B P A H H P Q T O R X I S
G R A N C H I O O W S Z W T
A F X D R O G B N C L P M R
M A R E E T R W N Z D O T I
B B E L T S O A O S A L E C
E A N F Z A B O L H J P M A
R L S I W A R P Y L T O P R
E E P N U H A T D T O Y E C
T N U O E D M L A Y I Z S I
T A G G A L G A G R T Q T H
O A N G U I L L A H U I A J
U F A M E D U S A A E G N H
S C O G L I E R A E P X A E
```

ALGHE
CORALLO
GRANCHIO
DELFINO
ANGUILLA
PESCE
MEDUSA
POLPO
OSTRICA
SCOGLIERA

SALE
ALGA
SQUALO
GAMBERETTO
SPUGNA
TEMPESTA
MAREE
TONNO
TARTARUGA
BALENA

62 - Birds

```
C A U Y P P A S S E R O T L
A I Q X I O E A N A T R A D
N R N T N L N L E E P T G M
A O N E G L W Y L F F B Y R
R N W H U O Z X L I G H Y B
I E S H I Q B I C U C U L O
N W M S N P A V O N E A W T
O C I C O G N A R L P B N E
C O L O M B A E V T R X U O
S T R U Z Z O R O O C A O R
A Q U I L A L X M C I T V Q
P A P P A G A L L O G E O A
D S I H O L T U C A N O L J
F E N I C O T T E R O P U C
```

CANARINO
POLLO
CORVO
CUCULO
COLOMBA
ANATRA
AQUILA
UOVO
FENICOTTERO
OCA

AIRONE
STRUZZO
PAPPAGALLO
PAVONE
PELLICANO
PINGUINO
PASSERO
CICOGNA
CIGNO
TUCANO

63 - Art

```
C C O Q L S C U L T U R A P
O O R O E D I P I N T I J O
M M I E S C S I M B O L O E
P P G Y P E R S O N A L E S
O L I C R R I U V H L C R I
S E N R E A T R F I O D K A
I S A E S M R R Q I S W Q Z
Z S L A S I A E T N G I M K
I O E R I C R A U U P U V E
O Z T E O A R L X I Y W R O
N J J Z N P E I U M O R E A
E L N H E H G S O N E S T O
K I Z I N S E M P L I C E J
A A L N Q Q S O G G E T T O
```

CERAMICA
COMPLESSO
COMPOSIZIONE
CREARE
ESPRESSIONE
FIGURA
ONESTO
UMORE
ORIGINALE
DIPINTI

PERSONALE
POESIA
RITRARRE
SCULTURA
SEMPLICE
SOGGETTO
SURREALISMO
SIMBOLO
VISIVO

64 - Nutrition

```
A B C O M M E S T I B I L E
P A I U S Y Y A O C P L T D
P S B L U E A L S A R I H I
E A Q I A P A U S L O A U G
T L U X T N G T I O T X D E
I S A C Q U C E N R E A N S
T A L P H A D I A I I M U T
O C I P E S O I A E N A T I
X B T G C B G U N T E R R O
W M À Z U N X D J I O O N
L R E W P S A N O D H R E E
U X P D I E T A E I H R N O
H N Q C A R B O I D R A T I
X B S V I T A M I N A G E D
```

APPETITO
BILANCIATO
AMARO
CALORIE
CARBOIDRATI
DIETA
DIGESTIONE
COMMESTIBILE
GUSTO
ABITUDINI

SALUTE
SANO
NUTRIENTE
PROTEINE
QUALITÀ
SALSA
TOSSINA
VITAMINA
PESO

65 - Hiking

```
P N Q Q I A Z O R C L P S P
S E P I E T R E D H G R C A
T O R Q C E I U K W W E O R
I V L I A N I M A L I P G C
V E S E C L I M A M L A L H
A R C J Q O B J U A U R I I
L T A L U T L N C P R A E H
I I M P A O K I X P P Z R P
Y C P N A T U R A A U I A E
R E E S T A N C O S A O S S
Q R G U I D E E A F M N F A
W S G M O N T A G N A E L N
O R I E N T A M E N T O K T
L E O S E L V A G G I O O E
```

ANIMALI
STIVALI
CAMPEGGIO
SCOGLIERA
CLIMA
GUIDE
PERICOLI
PESANTE
MAPPA
MONTAGNA
NATURA
ORIENTAMENTO
PARCHI
PREPARAZIONE
PIETRE
VERTICE
SOLE
STANCO
ACQUA
SELVAGGIO

66 - Professions #1

```
I I N F E R M I E R A I E B
R H C E D M E D I C O L Z A
J B J D A U P R S M X K T N
T A S I V S J A I A T I Y C
S L M T V I M U I R R S M H
G L F O O C B L A I M T O I
R E R R C I R I Q N B R O E
L R O E A S Z C Y A I F X R
N I S L T T E O S I M J L E
G N Z M O A S T R O N O M O
M O Z T P G P I A N I S T A
D D C A R T O G R A F O O J
A L L E N A T O R E B J Z X
Z L J C X P S I C O L O G O
```

ASTRONOMO
AVVOCATO
BANCHIERE
CARTOGRAFO
ALLENATORE
BALLERINO
MEDICO
EDITORE

GEOLOGO
MUSICISTA
INFERMIERA
PIANISTA
IDRAULICO
PSICOLOGO
MARINAIO
SARTO

67 - Dinosaurs

```
H B E O N N I V O R O H M E
L C I G H B M V E U S L A X
P R E I S T O R I C O Z M W
E R B I V O R O Q Z K C M G
R V P F O S S I L I I U U U
A E O Y I Z A Q C Z J O T M
P Q T L F A J M E Q P M S U
A O E T U X X Z M L R F O O
C T N I I Z P T S P E C I E
E E T A G L I A L I D O U N
Z R E L S Q E O O R A D U O
G R A N D E I O N Z E A Z R
C A R N I V O R O E I B K M
L M G J S C O M P A R S A E
```

CARNIVORO
SCOMPARSA
TERRA
ENORME
EVOLUZIONE
FOSSILI
ERBIVORO
GRANDE
MAMMUT
ONNIVORO
POTENTE
PREISTORICO
PREDA
RAPACE
RETTILE
TAGLIA
SPECIE
CODA
VIZIOSO
ALI

68 - Barbecues

```
R H G R F S I N S A L A T E
Y F K R V E R D U R E M O C
U F X W I F R U T T A I C B
H T N T C G R Y X J X C R A
B G H G C O L T E L L I S M
M U S I C A W I S K A K P B
P O M O D O R I A C I B O I
F O R C H E T T E A E G I N
A E M H P O L L O L S N G I
M D U I C S B R R D A P A W
E X E S T A T E S O L E I Q
F A M I G L I A C L S B J Y
P M L M F E M I Q K A M Q O
Q C X X X P J Q Z W Z O F A
```

POLLO
BAMBINI
CENA
FAMIGLIA
CIBO
FORCHETTE
AMICI
FRUTTA
GIOCHI
GRIGLIA

CALDO
FAME
COLTELLI
MUSICA
INSALATE
SALE
SALSA
ESTATE
POMODORI
VERDURE

69 - Surfing

```
S X C Y O S C O G L I E R A
T G N S Z C P A G A I A S D
O E U S L Y E I B I U O M I
M G O R R A T A A S O N P V
A E T M E T E O N G J D O E
C C A M P I O N E O G A K R
O L R F P R G C G J S I M T
E S E O O A T L E T A S A I
S Y B R P L S C H I U M A M
T S G Z O Y L D D C Q N E E
R T Z A L D Q A S P R A Y N
E I W N A R G F Z Q U S P T
M L J I R X G O S T Z L S O
O E B V E L O C I T À Z H J
```

ATLETA
SPIAGGIA
CAMPIONE
FOLLA
ESTREMO
SCHIUMA
DIVERTIMENTO
OCEANO
PAGAIA
POPOLARE

SCOGLIERA
VELOCITÀ
SPRAY
STOMACO
FORZA
STILE
NUOTARE
ONDA
METEO

70 - Chocolate

```
A P M A N G I A R E M X J L
F R G O D N L B U G B K E R
C E A R I C E T T A U A S Y
A F J C A C A O J Y Q S O I
L E U O H A R O M A D U T D
O R D E L I Z I O S O D I O
R I N G R E D I E N T E C L
I T N O C E D I C O C C O C
E O Z U C C H E R O D O S E
A M A R O Q U A L I T À X F
A N T I O S S I D A N T E M
A R T I G I A N A L E X R D
C A R A M E L L O R Z M Q O
C A R A M E L L A Q N S E R
```

ANTIOSSIDANTE
AROMA
ARTIGIANALE
AMARO
CACAO
CALORIE
CARAMELLA
CARAMELLO
NOCE DI COCCO
DELIZIOSO
ESOTICO
PREFERITO
INGREDIENTE
ARACHIDI
QUALITÀ
RICETTA
ZUCCHERO
DOLCE
GUSTO
MANGIARE

71 - Vegetables

```
F R A P A C C E T R I O L O
U A F Q J A J E D X T K A B
N V C H N V H A X D X J Q R
G A P C C O P I S E L L O O
O N R S I L T H C D I C L C
S E E C P F Z E N Z E R O C
C L Z A O I N S A L A T A O
A L Z R L O N S E D A N O L
L O E O L R Q A A G L I O O
O R M T A E G S C Z A I M Y
G C O A Z U C C A I F K X P
N M L C A R C I O F O P R K
O I O R A H P O M O D O R O
M E L A N Z A N A D B B N I
```

CARCIOFO
BROCCOLO
CAROTA
CAVOLFIORE
SEDANO
CETRIOLO
MELANZANA
AGLIO
ZENZERO
FUNGO

CIPOLLA
PREZZEMOLO
PISELLO
ZUCCA
RAVANELLO
INSALATA
SCALOGNO
SPINACI
POMODORO
RAPA

72 - Boats

```
U Y M H O K W Y T B M K E E
B H D M M I M A R E A R Y Q
R A L B E R O W A J R P H U
M A R E K B P W G U I D E I
O Y N C Z G X Z H K N Z Q P
F O B O A O R A E C A N O A
N F F R U A A T T A I E J G
A A K D J F V T T D O C K G
N J U A C N E E O R Y I X I
C O Y T F R Z R L A G O L O
O R A P I T K A Y A K Y O E
R Y C Q U C O C E A N O H U
A O H X M K O M O T O R E A
T P T Q E R K N U I B R X S
```

ANCORA
BOA
CANOA
EQUIPAGGIO
DOCK
MOTORE
TRAGHETTO
KAYAK
LAGO
ALBERO
NAUTICO
OCEANO
ZATTERA
FIUME
CORDA
BARCA A VELA
MARINAIO
MARE
MAREA
YACHT

73 - Activities and Leisure

```
Y F P I T T U R A G U R G I
E Q E I M M E R S I O N E M
B S S R I L A S S A N T E T
A A C S U R F N H R B O X E
S R A U F H L F O D A N P N
K T U R R J J P B I S U A N
E E Q G B S R U B N E O L I
T V I A G G I O Y A B T L S
L J X M T A G O O G A O A O
M E S H O P P I N G L F V N
C A L C I O H N O I L G O H
L C A M P E G G I O Q O L H
K Q G K O X T M S H L L O M
D C P J N Y Y M C L G F G D
```

ARTE
BASEBALL
BASKET
BOXE
CAMPEGGIO
IMMERSIONE
PESCA
GIARDINAGGIO
GOLF
ESCURSIONI
HOBBY
PITTURA
RILASSANTE
SHOPPING
CALCIO
SURF
NUOTO
TENNIS
VIAGGIO
PALLAVOLO

74 - Driving

```
C S S X Y V I G O P X N U A
A I T E P E C A M I O N X H
R C R H E L Y R B M G A S N
B U A Q R O S A L B A Q Q Q
U R D R I C P G I H U P R J
R E A M C I T E C M T E P M
A Z F M O T O M E T I D O A
N Z C P L À I O N J S O L U
T A S M O D J T Z I T N I N
E T U N N E L O A E A A Z L
M E O N G Q F R E N I L I Q
A U T O M S Y E Z X B E A K
I N C I D E N T E C E H K T
T S Z U H B T R A F F I C O
```

INCIDENTE
FRENI
AUTO
PERICOLO
AUTISTA
CARBURANTE
GARAGE
GAS
LICENZA
MAPPA

MOTORE
MOTO
PEDONALE
POLIZIA
STRADA
SICUREZZA
VELOCITÀ
TRAFFICO
CAMION
TUNNEL

75 - Professions #2

```
D E J X C H I R U R G O I D
E E P I L O T A L Y I R J Q
N G T T U J E K X O O A I J
T I M E O G J U D F R S N Z
I A P E C W K P X I N T S P
S R O A D T Q L Y L A R E S
T D M P E I I B I O L O G O
A I E L B T C V G S I N N P
S N W R C B M O E O S A A I
L I N G U I S T A F T U N T
K E Z O O L O G O O A T T T
G R I N G E G N E R E A E O
G E I N V E N T O R E X S R
S M I L L U S T R A T O R E
```

ASTRONAUTA
BIOLOGO
DENTISTA
DETECTIVE
INGEGNERE
GIARDINIERE
ILLUSTRATORE
INVENTORE
GIORNALISTA
LINGUISTA
PITTORE
FILOSOFO
MEDICO
PILOTA
CHIRURGO
INSEGNANTE
ZOOLOGO

76 - Emotions

```
B G E N T I L E Z Z A H H A
E O Y K S R A M O R E B U O
A C P O P A U R A M A J Y K
T E C F I B P M I F B H M S
I R A I M B A R A Z Z A T O
T T I E T I C G R A T O C D
U J E L H A E P E C S M O D
D W F N I T T N G A O S N I
I E B U E E X O I L R D T S
N R Z Z Q R V R O M P X E F
E Z H W K L E O I A R T N A
T R I S T E Z Z A D E X U T
S I M P A T I A Z E S B T T
N O I A J F G A T A A I O O
```

RABBIA
BEATITUDINE
NOIA
CALMA
CONTENUTO
IMBARAZZATO
ECCITATO
PAURA
GRATO
GIOIA

GENTILEZZA
AMORE
PACE
RILIEVO
TRISTEZZA
SODDISFATTO
SORPRESA
SIMPATIA
TENEREZZA

77 - Mythology

```
R C U L T U R A G P W V X D
H U X S G E L O S I A E I I
I B C A J S F U L M I N E S
A R L E G G E N D A C D L A
C R E A T U R A P K S E A S
D C C P A R A D I S O T B T
M I R H M O R T A L E T I R
O F V E E R O E Q L T A R O
S K K I D T T U O N O I I P
T N Z L N E I B R F T P N A
R J Q C I I N P W M C L T C
O I B K X D T Z O A F N O H
O F Q A F D U À E M H U A B
I M M O R T A L I T À E H R
```

ARCHETIPO
CREDENZE
CREATURA
CULTURA
DIVINITÀ
DISASTRO
PARADISO
EROE
IMMORTALITÀ

GELOSIA
LABIRINTO
LEGGENDA
FULMINE
MOSTRO
MORTALE
VENDETTA
TUONO

78 - Hair Types

```
W S T B R R Z R L G Z B O A
Z T R R I Z L M O R B I D O
Q T E E C M H K Y I M A B A
P T C V C P I H R G X N D P
M H C E I X L N D I X C M G
C A E A O L U N G O J O O M
O S R P L K C S O T T I L E
N C D R I S I C A L V O M U
D I B I O N D O W N T Y L S
U U G C W N O O O G O G K I
L T L C Z E E G N H T R P W
A T G I U R S P E S S O R E
T O X O C O L O R A T O Z N
O I N T R E C C I A T O K A
```

CALVO
NERO
BIONDO
INTRECCIATO
TRECCE
MARRONE
COLORATO
RICCIOLI
RICCIO
ASCIUTTO

GRIGIO
SANO
LUNGO
LUCIDO
BREVE
MORBIDO
SPESSORE
SOTTILE
ONDULATO
BIANCO

79 - Furniture

```
T E N D E R C M R R O F C D
S C S C A F F A L I T M U Y
F U T O N L E T T O W M S F
Y S E K J J S E L Z L F C E
W C X L R S C R I V A N I A
D I V A N O X A B S R T N P
K N P B H W L S R P M A I A
I O I O M Y F S E E O P Q N
L C H S L N I O R C I P I C
S E D I A T R K I C R E L A
N S J M M K R Y A H E T O I
L A M P A D A O R I L O O M
J P N G C A B U N O F T Q Q
B I R X A P X Y F A T S R N
```

POLTRONA
ARMOIRE
LETTO
PANCA
LIBRERIA
SEDIA
DIVANO
TENDE
CUSCINI

SCRIVANIA
FUTON
AMACA
LAMPADA
MATERASSO
SPECCHIO
CUSCINO
TAPPETO
SCAFFALI

80 - Garden

```
T E R R A Z Z A W C J Z I G
A Q U H F R U T T E T O P I
P P J K B Y S A E S P A L A
Q K E A O A P T R P D Y R R
L N H M J S O R A U B D A D
W P K A Z X R A R G D W S I
P A N C A P T M E L N B T N
G A R A G E I P C I Z O R O
I D A J T R C O I O F D E A
B X Z L U B O L N X F I L J
M Q G W B A M I T S I D L A
P R A T O E Y N O U O L O U
V I T E J H R O Y R R M J W
E R B A C C E O H Z E X Q X
```

PANCA
CESPUGLIO
RECINTO
FIORE
GARAGE
GIARDINO
ERBA
AMACA
TUBO
PRATO

FRUTTETO
STAGNO
PORTICO
RASTRELLO
PALA
TERRAZZA
TRAMPOLINO
ALBERO
VITE
ERBACCE

81 - Birthday

```
S U S G U O T G R S A P B E
A C F P W J F I C P C E A Z
G A E X Q Z D O A E A R R T
G N L L T Y I I R C L I F Z
E D I I E A V O T I E M C K
Z E C P M B E S E A N P A G
Z L E R P J R O D L D A N I
A E Q T O R T A H E A R Z O
R E G A L O I I Z X R A O R
B T R S F E M F N I I R N N
E H A D L D E X A V O E E O
A N N O Y Y N A T C I N G Y
J P D I B F T F O S O T E E
C H E A G I O V A N E J I E
```

NATO
TORTA
CALENDARIO
CANDELE
CARTE
CELEBRAZIONE
GIORNO
DIVERTIMENTO
REGALO
GRANDE
FELICE
INVITI
GIOIOSO
CANZONE
SPECIALE
TEMPO
PER IMPARARE
SAGGEZZA
ANNO
GIOVANE

82 - Beach

```
L S D M C O S T A O B L U B
N A Q B A N O X X M A E H A
M D G U F R L Y D B R M S R
H Z M U A G E C B R C C L C
V A C A N Z A N P E A O Y A
M A E I Q A G Q H L U C U A
S C O G L I E R A L S E K V
S O R C N O B F A O M A Q E
A P Y Q K B S E S N E N M L
N H Q L H R L M A G C O D A
D O C K X W Q Z B Q T H J K
A U C B N R J P B G U G I T
L L R O J R Z A I S O L A O
I H R J N U O T A R E W J P
```

BLU
BARCA
COSTA
GRANCHIO
DOCK
ISOLA
LAGUNA
OCEANO
SCOGLIERA

BARCA A VELA
SABBIA
SANDALI
MARE
SOLE
NUOTARE
OMBRELLO
VACANZA

83 - Adjectives #1

```
T K Y F E M A U T I L E G Q
L Q F S E T M B E L L O R A
N Y A Z E L B K I N A J A Y
A R T I S T I C O E N B V J
K N T S O X Z C N P P W E G
I C R G T I I P E S A N T E
S D A H I A O O S R C A K N
O E E Q C Q S H T U G U H E
T A N N O H O R O Y I T R R
T Y T K T A R O M A T I C O
I R E M S I R D Y T D O T S
L E N T O X C I F X K B A O
E A X U G Z M O D E R N O I
I M P O R T A N T E A D F D
```

AMBIZIOSO
AROMATICO
ARTISTICO
ATTRAENTE
BELLO
SCURO
ESOTICO
GENEROSO
FELICE

PESANTE
UTILE
ONESTO
IDENTICO
IMPORTANTE
MODERNO
GRAVE
LENTO
SOTTILE

84 - Rainforest

```
M F M C O M U N I T À O E P
A E I U N B R I F U G I O R
M R N C S R O N M F A L Q E
M I S C C C F T U Y U D K S
I S E E D R H D A V Z G P E
F P T L M E W I N N O T C R
E E T L U S A V O O I L W V
R T I I Q T N E J G T C E A
I T S W N A F R Z Z Q H O Z
P O P A A U I S C L I M A I
E N E N T R B I U N I I A O
D M C I U O I T Q U K J S N
R X I M R E B À X F T B U E
T K E R A G I U N G L A C S
```

ANFIBI
UCCELLI
BOTANICO
CLIMA
NUVOLE
COMUNITÀ
DIVERSITÀ
INSETTI
GIUNGLA

MAMMIFERI
MUSCHIO
NATURA
PRESERVAZIONE
RIFUGIO
RISPETTO
RESTAURO
SPECIE

85 - Technology

```
Q V B S I C U R E Z Z A F N
J I Y C X S S J D D C X G D
B R T H F O N T T I A S J I
L T E E C U R S O R E T L G
O U B R O W S E R O Q Z I I
G A C M M E S S A G G I O T
R L O O I I I O V A N Q Q A
I E M A S P N F H I O X J L
C D P P N F J T U W R F Y E
E C U F X D B W E X F U F Q
R O T S G A K A B R A F S Y
C S E W Z K R A H N D X C
A Q R B J Q B E F I L E P Q
S T A T I S T I C H E E T D
```

BLOG
BROWSER
BYTE
COMPUTER
CURSORE
DATI
DIGITALE
FILE
FONT
INTERNET
MESSAGGIO
RICERCA
SCHERMO
SICUREZZA
SOFTWARE
STATISTICHE
VIRTUALE
VIRUS

86 - Landscapes

```
J Z N B Q O Q Q I C S I P G
A N H C P E N I S O L A J H
X I S O L A V U L C A N O I
A C U L Z Y L Y K U G K D A
H E Z L S N W U F Q O G E C
B B F I U M E X D Z Y Y S C
G E Z N R M I L Y E F O E I
E R V A L L E W K U X C R A
Y G M O N T A G N A M E T I
S G R O T T A L K H O A O O
E S P I A G G I A O T N R F
R H H I T U N D R A C O J E
N O J M K C Y C A S C A T A
G S I K W Z E G K I L Q X K
```

SPIAGGIA
GROTTA
DESERTO
GEYSER
GHIACCIAIO
COLLINA
ICEBERG
ISOLA
LAGO
MONTAGNA

OASI
OCEANO
PENISOLA
FIUME
MARE
PALUDE
TUNDRA
VALLE
VULCANO
CASCATA

87 - Visual Arts

```
C A P O L A V O R O Q C E A
A O B S T A M P I N O O D R
F O T O G R A F I A R M P C
I B B H E T T K A P I P R H
L K A K S Z I J R L T O O I
M C M N S E T B G G R S S T
Y A E Y O A A H I S A I P E
I C A R B O N E L C T Z E T
C E R A A X K Z L U T I T T
P E N N A M U J A L O O T U
I C R E A T I V I T À N I R
Q P S G W R D C I U F E V A
T U A R T I S T A R N K A U
B Q I P I T T U R A Y F M M
```

ARCHITETTURA
ARTISTA
CERAMICA
GESSO
CARBONE
ARGILLA
COMPOSIZIONE
CREATIVITÀ
FILM
CAPOLAVORO
PITTURA
PENNA
MATITA
PROSPETTIVA
FOTOGRAFIA
RITRATTO
SCULTURA
STAMPINO
CERA

88 - Plants

```
R F M U C M C M A L B E R O
F A I B U O E F U M A M Q J
F Y D O B A S E I S T E L O
G Z N I R L P R K P C P I Q
P E G S C E U T N P A H J D
B A M B Ù E G I B Q F F I B
L C B G F R L A E L O G O
Q X I R O B I I C D O R I T
I C W C G A O Z C E R E A A
P E T A L O N Z A R A S R N
G G O C I R X A L A J T D I
X Q W T A U K N N I Y A I C
N F J U M U I T R F D W N A
D M L S E H J E K I W W O K
```

BAMBÙ
BACCA
BOTANICA
CESPUGLIO
CACTUS
FERTILIZZANTE
FLORA
FIORE
FOGLIAME
FORESTA
GIARDINO
ERBA
EDERA
MUSCHIO
PETALO
RADICE
STELO
ALBERO

89 - Countries #2

```
Z U J I Z J G C L G N N U M
H S O M A L I A I I E I C E
P A D Z I W A S B A P G R S
A Q I P C R M M A P A E A S
K J E T F L A F N P L R I I
I D T K I E I E O O T I N C
S I R I A T C B Y N C A A O
T R U S S I A H E E U A Z Z
A L A O S O U J G R E C I A
N S F G N P J E E D I N H E
S U D A N I C Q C B L A P C
H A Q S X A U G A N D A X L
F W Q X D A N I M A R C A I
Z I G A L B A N I A D D H X
```

ALBANIA
DANIMARCA
ETIOPIA
GRECIA
HAITI
GIAMAICA
GIAPPONE
LAOS
LIBANO
LIBERIA
MESSICO
NEPAL
NIGERIA
PAKISTAN
RUSSIA
SOMALIA
SUDAN
SIRIA
UGANDA
UCRAINA

90 - Ecology

```
P M H O L N S R B X Q F S C
I A A Y F A P P X C J L O O
A R B D A T B A E T Z O P M
N I I Q N U N U L C Y R R U
T N T P J R W Q H U I A A N
E O A N F A I O M F D E V I
R R T Z A L X G O I G E V T
C L I M A E P P N A L D I À
B E H S I C C I T À O H V I
J C S B O F F S A A B P E C
B N F P D R C J G F A U N A
Z R G T A X S B N N L J Z P
N A T U R A N E E C E M A Q
I O X V E G E T A Z I O N E
```

CLIMA
COMUNITÀ
SICCITÀ
FAUNA
FLORA
GLOBALE
HABITAT
MARINO
PALUDE
MONTAGNE
NATURALE
NATURA
PIANTE
RISORSE
SPECIE
SOPRAVVIVENZA
VEGETAZIONE

91 - Adjectives #2

```
I N T E R E S S A N T E Q D
A S S O N N A T O F K B W E
C U B A F F A M A T O B F S
R E S P O N S A B I L E A C
E L A N R A A U S G P C M R
A E S T T C L T F L R I O I
T G C F E O A E U D D K S T
I A I R M X T N Y R S P O T
V N U O V O O T Z U A N K I
O T T Z C X Q I J F N L L V
X E T X F S I C P U O N E O
D F O K O R G O G L I O S O
C A L D O D O T A T O G F G
P R O D U T T I V O H E E Q
```

AUTENTICO
CREATIVO
DESCRITTIVO
ASCIUTTO
ELEGANTE
FAMOSO
DOTATO
SANO
CALDO
AFFAMATO
INTERESSANTE
NATURALE
NUOVO
PRODUTTIVO
ORGOGLIOSO
RESPONSABILE
SALATO
ASSONNATO
FORTE

92 - Math

```
F Z Y T R I A N G O L O Z C
S R E T T A N G O L O L L I
P I A E O Z G U B W Q C X R
A E M Z Z Q G G E M U L R C
R S A M I D E C I M A L E O
A P N Q E O C O R O D D Q N
L O G B T T N U M E R I U F
L N O U T F R E W X A A A E
E E L P S F B I P P T M Z R
L N I D O M X O A J O E I E
O T P O L I G O N O Y T O N
P E R I M E T R O L R R N Z
G E O M E T R I A M L O E A
T G O A R I T M E T I C A T
```

ANGOLI
ARITMETICA
CIRCONFERENZA
DECIMALE
DIAMETRO
EQUAZIONE
ESPONENTE
FRAZIONE
GEOMETRIA
NUMERI
PARALLELO
PERIMETRO
POLIGONO
RAGGIO
RETTANGOLO
QUADRATO
SIMMETRIA
TRIANGOLO

93 - Water

```
T P G U G D J F I U M E U E
U Z C T E P O T A B I L E V
O M O A L L U V I O N E A A
C G I D O C C I A P D B I P
E E K D J G Z X W I X R R O
A Y T F O M O N S O N E R R
N S V C S H W E U G L Y I A
O E A A U L D V W G F H G Z
L R P N M R A E P I R A A I
Y A O A I X A G Q A F S Z O
K R R L D E R G O H A H I N
L J E E I G H I A C C I O E
O N D E T J D U M N Z I N Y
J W A P À Z O E Y E O S E G
```

CANALE
UMIDO
POTABILE
EVAPORAZIONE
ALLUVIONE
GELO
GEYSER
URAGANO
GHIACCIO
IRRIGAZIONE

LAGO
UMIDITÀ
MONSONE
OCEANO
PIOGGIA
FIUME
DOCCIA
NEVE
VAPORE
ONDE

94 - Activities

```
M Y I J H C A C C I A H H Z
R Z L B L A U C D B P K P F
J A S Q M M H R Q Q U A E M
O Z S G W P Y Y J P X R S A
D A N Z A E S J S M T T C G
L G Y W M G G I O C H I A I
I R I I K G C G C D W G P A
A T T I V I T À C U C I R E
U D F O T O G R A F I A B C
L E T T U R A W C C J N E U
E S C U R S I O N I A A A Q
P R I L A S S A M E N T O A
C E R A M I C A N N Y O B O
L P I A C E R E W A R T E B
```

ATTIVITÀ
ARTE
CAMPEGGIO
CERAMICA
ARTIGIANATO
DANZA
PESCA
GIOCHI

ESCURSIONI
CACCIA
MAGIA
FOTOGRAFIA
PIACERE
LETTURA
RILASSAMENTO
CUCIRE

95 - Literature

```
S Y Y F T R A G E D I A G Q
O P U D I A L O G O U P S H
M G A J H N A R R A T O R E
G R I T M O Z R X Z E E I C
A O F A C E U I X J M T M O
B M G U N O A L O H A I A N
I A M Y T E N J Q N J C N C
O N B Y H C D F R W E O A L
G Z S T I L E D R S B N L U
R O P O E S I A O O Y W I S
A N A L O G I A A T N S S I
F M E T A F O R A Z O T I O
I D E S C R I Z I O N E O N
A U T O R E S M Y D F H E E
```

ANALOGIA
ANALISI
ANEDDOTO
AUTORE
BIOGRAFIA
CONFRONTO
CONCLUSIONE
DESCRIZIONE
DIALOGO
FINZIONE
METAFORA
NARRATORE
ROMANZO
POESIA
POETICO
RIMA
RITMO
STILE
TEMA
TRAGEDIA

96 - Geography

```
T A S C K O P A E S E S Y E
G E T L A T I T U D I N E M
T K R L T G F M A H S B P I
M S K R A I S O L A Z M Y S
C O N T I N E N T E O C G F
H M R Y F T T L T W V I M E
M O I W G E O E X U E T E R
O N T K Z I H R M P S T R O
N D F T I P D E I A T À I N
T O I F J S X G X O P F D O
A L T I T U D I N E E P I R
G I Q U Y D T O M A R E A D
N Q D M R G O N O C E A N O
A W O E J P J E O B I M O R
```

ALTITUDINE
ATLANTE
CITTÀ
CONTINENTE
PAESE
EMISFERO
ISOLA
LATITUDINE
MAPPA
MERIDIANO
MONTAGNA
NORD
OCEANO
REGIONE
FIUME
MARE
SUD
TERRITORIO
OVEST
MONDO

97 - Vacation #1

```
R L N E I W I V A L I G I A
I A U W O H Z A I N O D T E
L G O M B R E L L O E O I R
A O T R A M M U S E O G N E
S B A Q A S P T P I H A E O
S I R P S U X A E O J N R W
A G E A T I T O D J N A A P
M L K N U Z H O I S L H R A
E I Q D R J S Z Z I Z U I R
N E U A I B N I I K C K O T
T T G R S J E L O U D S Z E
O T Q E M B B A N S J C S N
R O F C O H W X E H S D J Z
Q P S G Y G P Y I C P M Y A
```

AEREO
ZAINO
AUTO
VALUTA
DOGANA
PARTENZA
SPEDIZIONE
ITINERARIO
LAGO
MUSEO
RILASSAMENTO
VALIGIA
BIGLIETTO
ANDARE
NUOTARE
TURISMO
TRAM
OMBRELLO

98 - Pets

```
L V G Z M C A N E U E S C S
U E M M X C O U O T W G O P
C T U X S Q U N Z T J P L A
E E C I B O T G I U E H L P
R R C F L H H U G G U U A P
T I A C Q U A I C C L Q R A
O N R X R G O N Y U O I E G
L A G A T T O Z P C O D O A
A R A C A P R A E C T Y A L
T I T U P W H G S I T I Z L
E O T Y F H G L C O T I A O
C R I C E T O I E L W O M W
Q K N J E Z R O J O R X P O
Z J O T A R T A R U G A E O
```

GATTO
COLLARE
MUCCA
CANE
PESCE
CIBO
CAPRA
CRICETO
GATTINO
GUINZAGLIO

LUCERTOLA
TOPO
PAPPAGALLO
ZAMPE
CUCCIOLO
CONIGLIO
CODA
TARTARUGA
VETERINARIO
ACQUA

99 - Nature

```
M R N J A G B Y X M N T O S
O Q P B E H Z D U X L R W E
N U W E D I N A M I C O D R
T S B L N A R T I C O P A E
A C B L C C D F U J C I P N
G O S E U C C E Y J R C I O
N G A Z A I G T S I Q A L G
E L N Z B A W L Y E A L N N
E I T A N I M A L I R E U E
U E U C F O R E S T A T V B
Q R A S E L V A G G I O O B
W E R O S I O N E T H X L I
K F I U M E U V I T A L E A
E F O G L I A M E E H C P L
```

ANIMALI
ARTICO
BELLEZZA
API
SCOGLIERE
NUVOLE
DESERTO
DINAMICO
EROSIONE
NEBBIA
FOGLIAME
FORESTA
GHIACCIAIO
MONTAGNE
FIUME
SANTUARIO
SERENO
TROPICALE
VITALE
SELVAGGIO

100 - Vacation #2

```
Z X T R I S T O R A N T E T
U M G S S K J Q E K U A L R
I K I H O T E L P D H X F E
J K G N L H O R A T G I X N
S V A C A N Z A S G E P C O
S T V L X W R R S P Y N F T
P K R I M O N T A G N E D R
I J E A A E R O P O R T O A
A K Z I N G G P O V P R G S
G R M A Q I G T R I U S U P
G M A P P A E I T S T K Q O
I G R Q N B I R O T O F L R
A J E N X H K W O O A D L T
Q D E S T I N A Z I O N E O
```

AEROPORTO
SPIAGGIA
DESTINAZIONE
STRANIERO
VACANZA
HOTEL
ISOLA
VIAGGIO
MAPPA

MONTAGNE
PASSAPORTO
RISTORANTE
MARE
TAXI
TENDA
TRENO
TRASPORTO
VISTO

1 - Food #1
2 - Castles
3 - Exploration
4 - Measurements
5 - Farm #2
6 - Books
7 - Meditation
8 - Days and Months
9 - Chess
10 - Food #2
11 - Family
12 - Farm #1

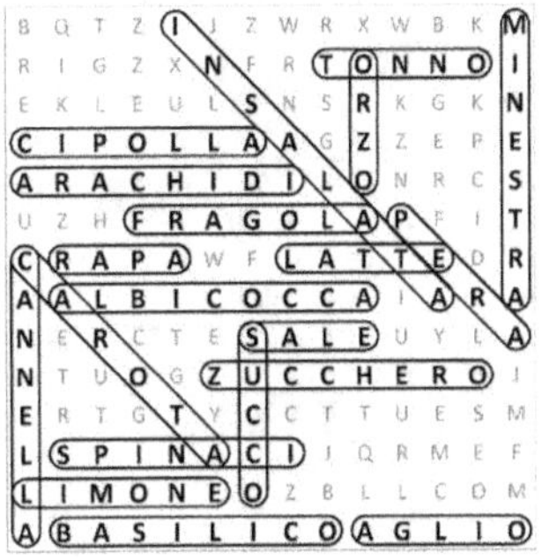

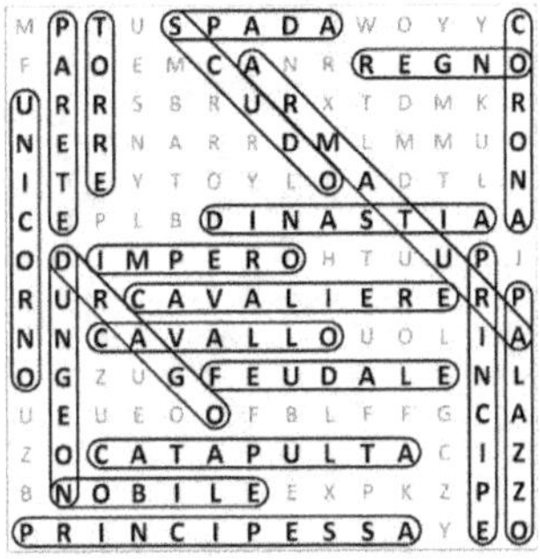

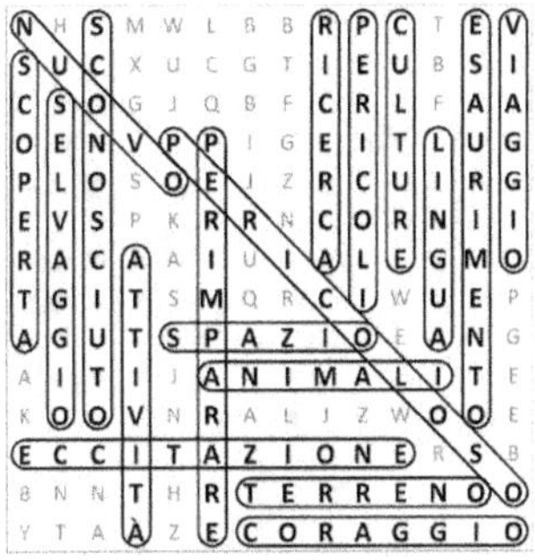

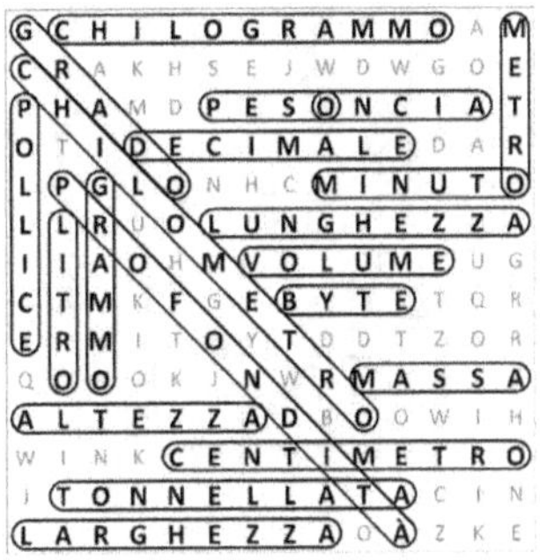

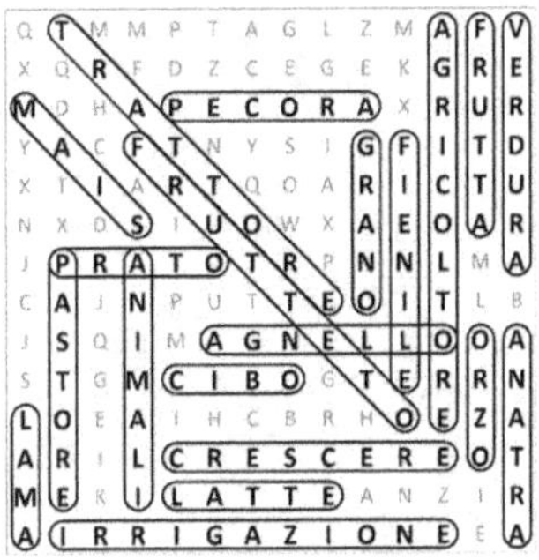

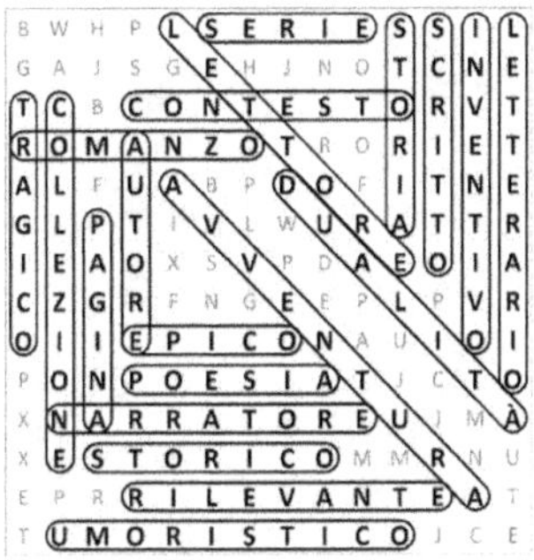

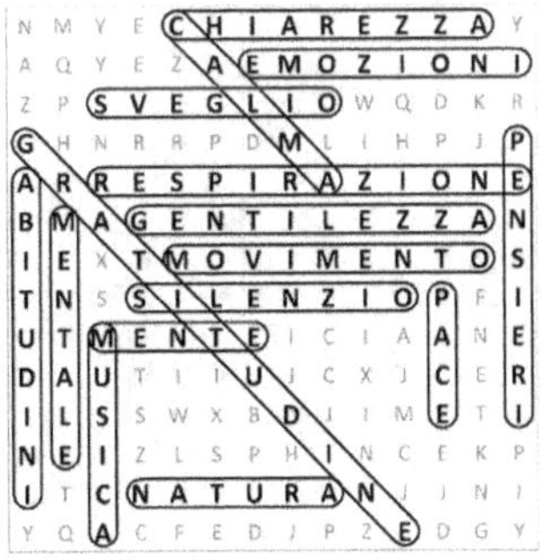

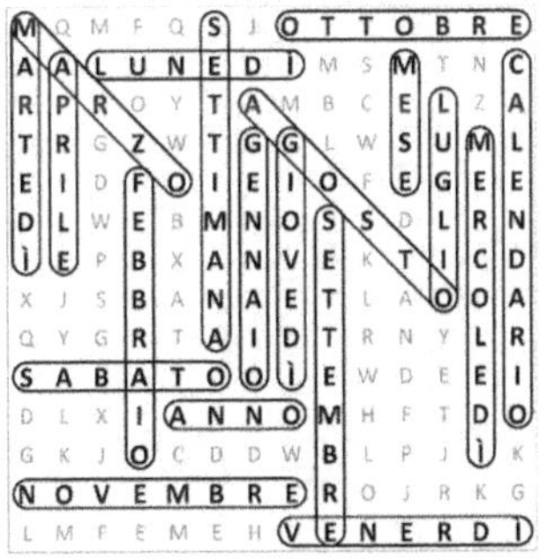

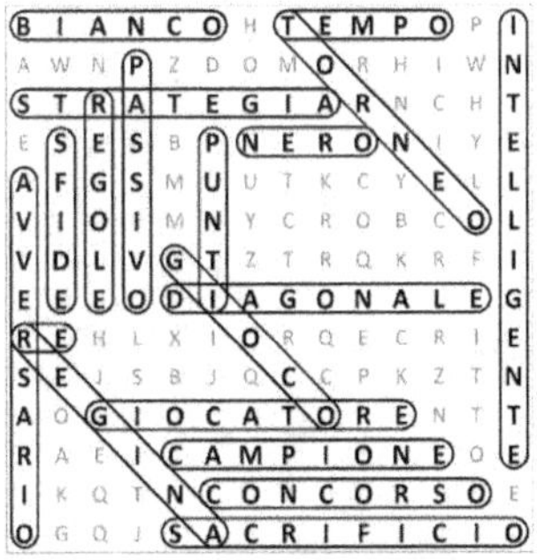

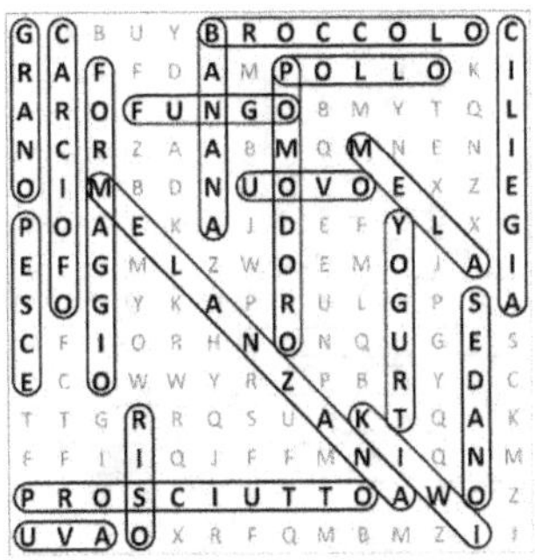

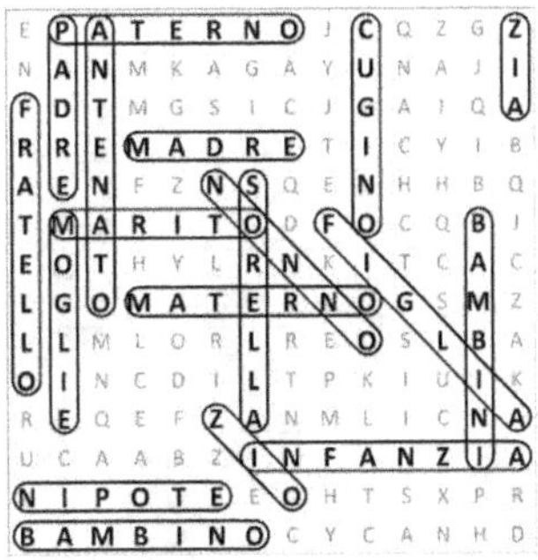

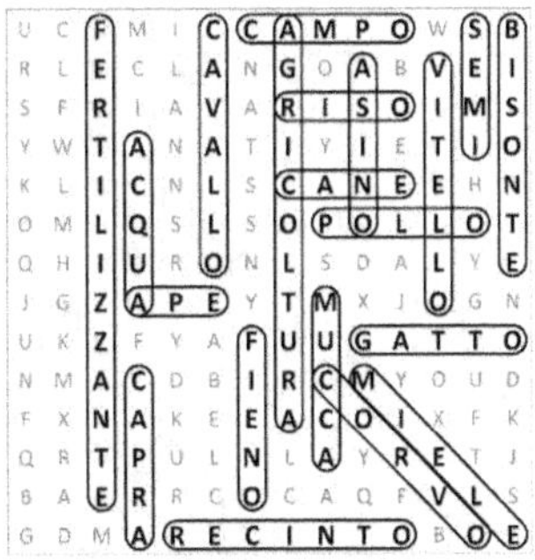

13 - Camping
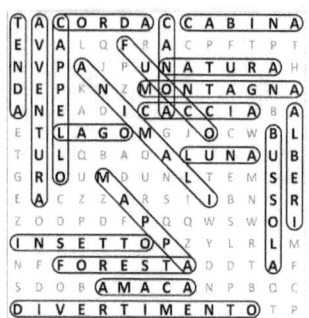

14 - Conservation

15 - Cats
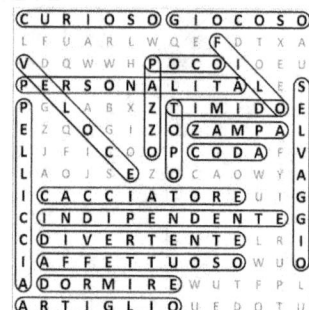

16 - Numbers
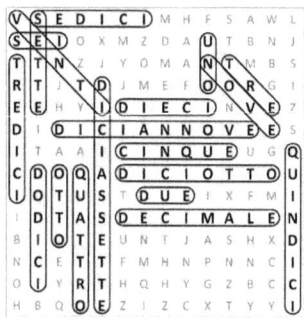

17 - Spices
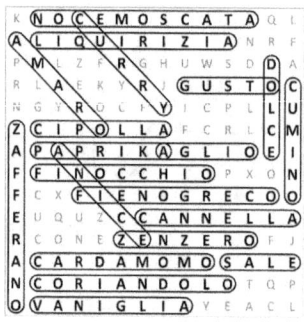

18 - Mammals
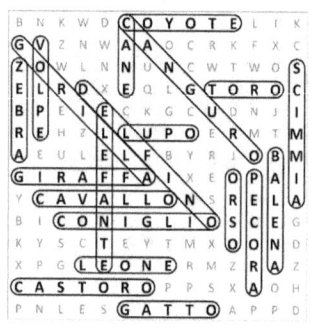

19 - Fishing
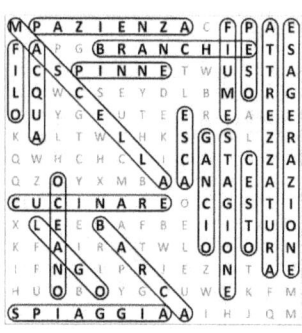

20 - Restaurant #1
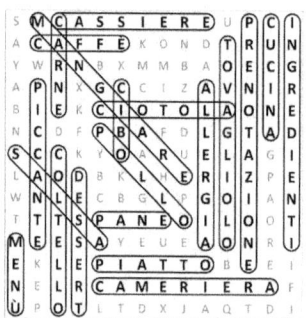

21 - Bees
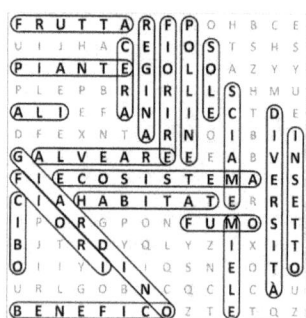

22 - Sports
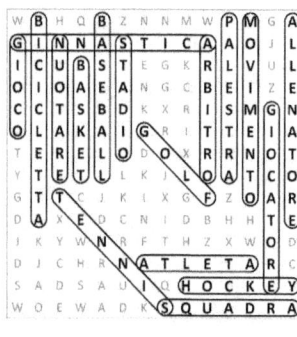

23 - Weather
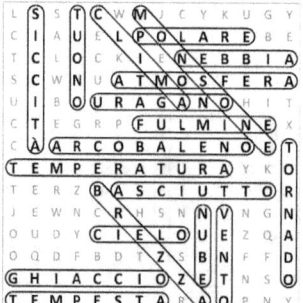

24 - Adventure
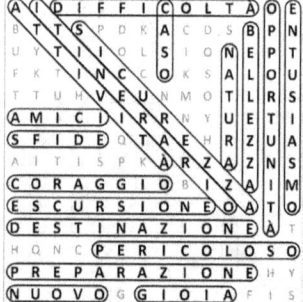

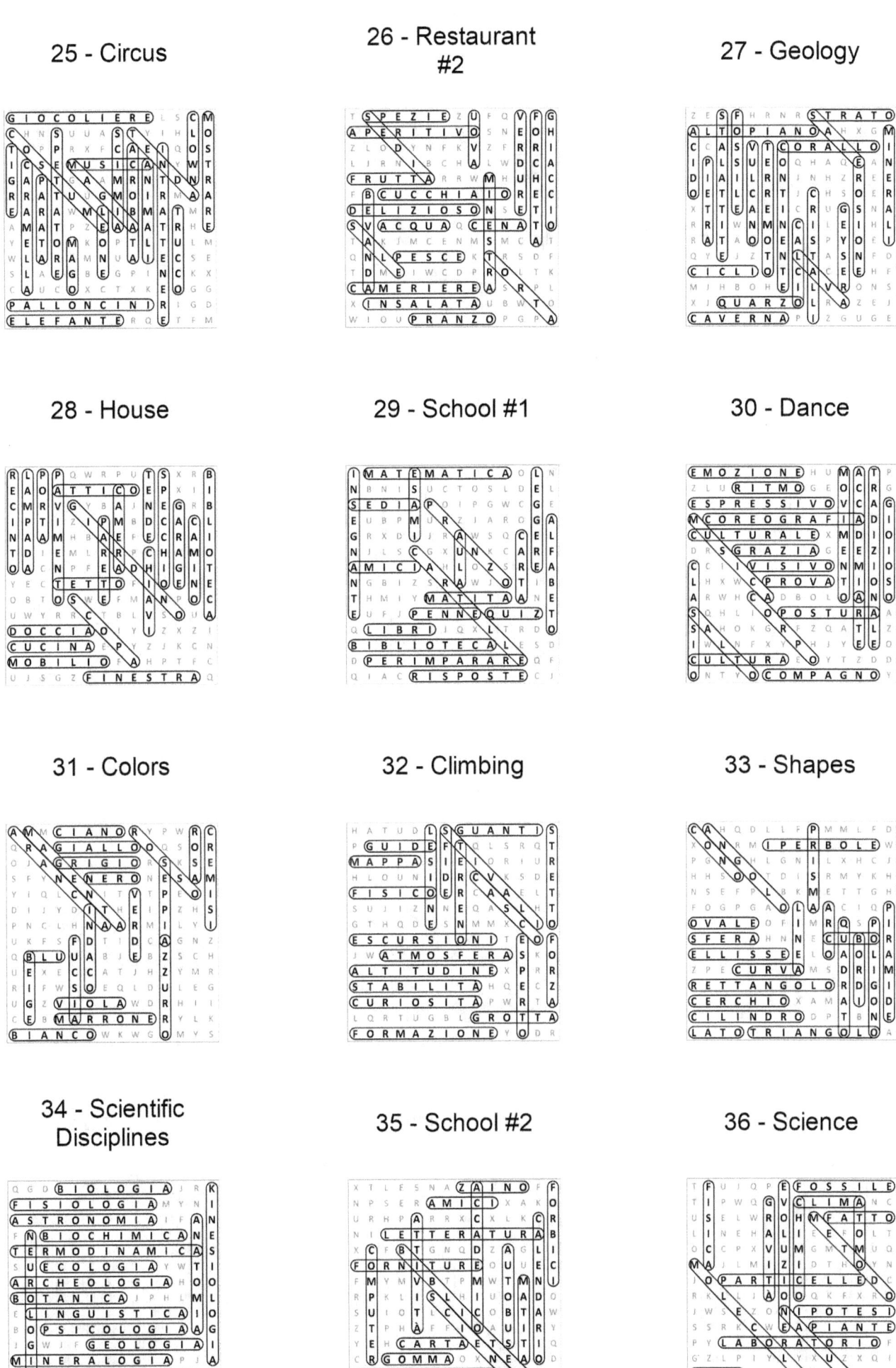

37 - To Fill
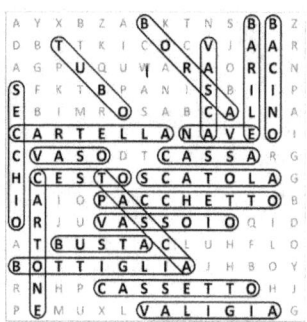

38 - Summer
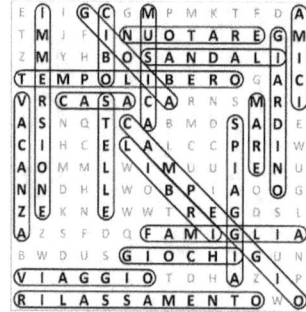

39 - Clothes
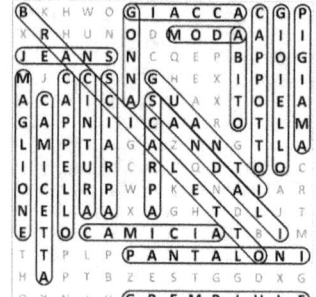

40 - Insects
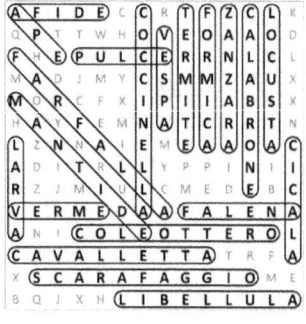

41 - Astronomy
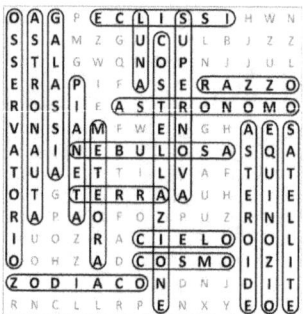

42 - Pirates
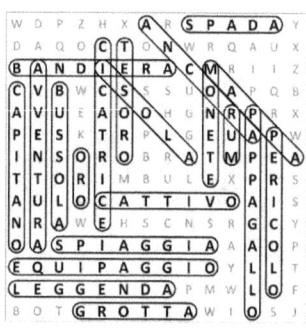

43 - Time
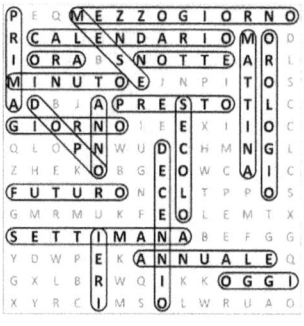

44 - Buildings
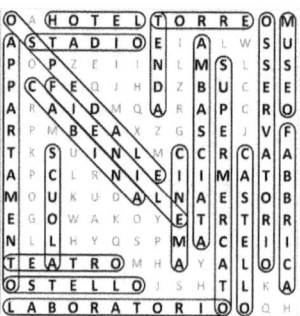

45 - Herbalism
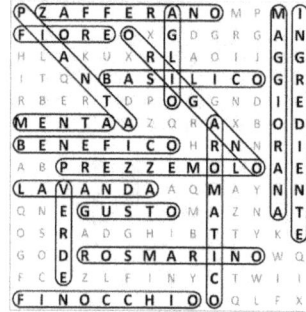

46 - Toys
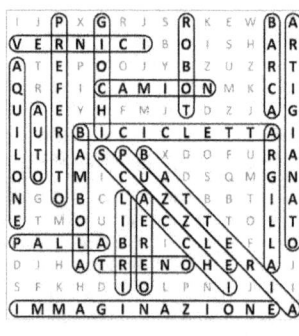

47 - Vehicles
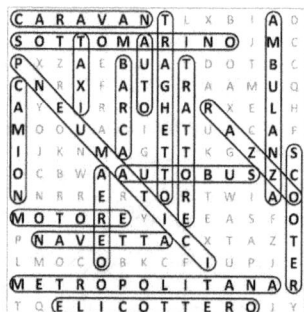

48 - Flowers
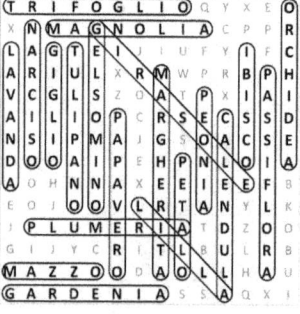

49 - Town
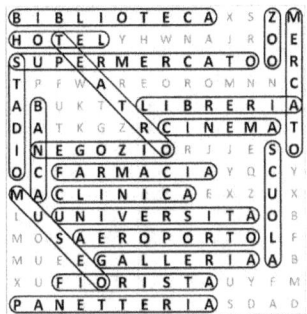

50 - Antarctica

51 - Ballet
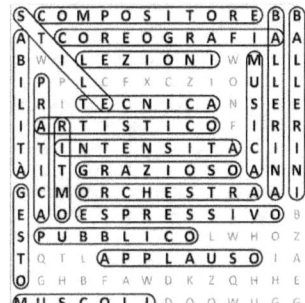

52 - Human Body
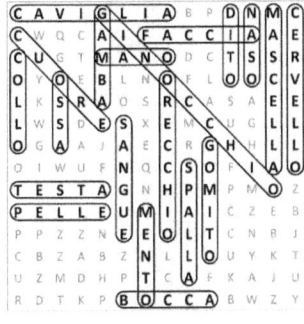

53 - Musical Instruments
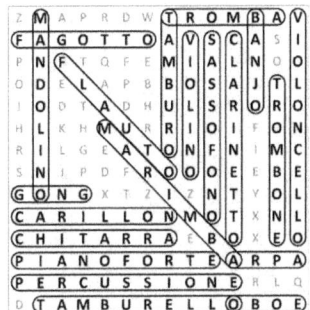

54 - Cooking Tools
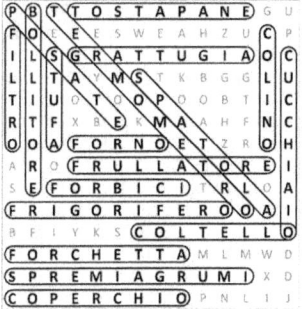

55 - Fruit
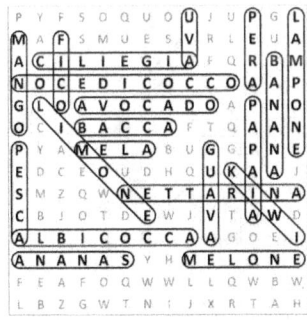

56 - Virtues #1
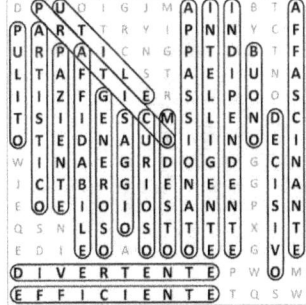

57 - Kitchen

58 - Art Supplies
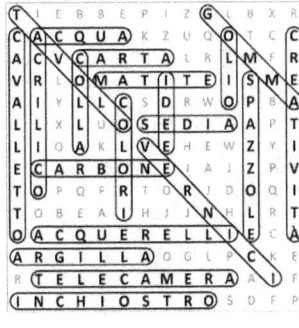

59 - Science Fiction
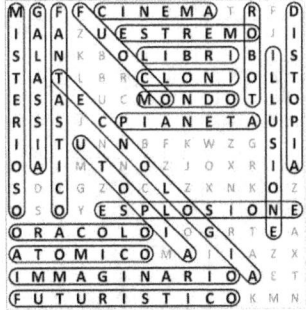

60 - Airplanes
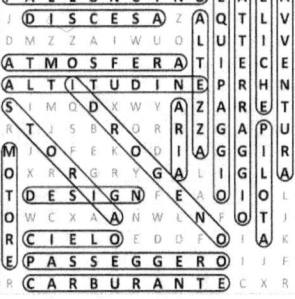

61 - Ocean
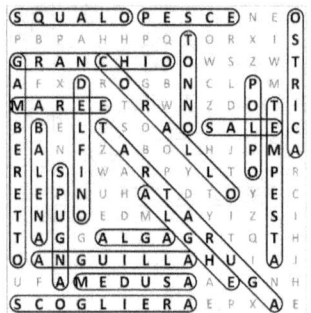

62 - Birds
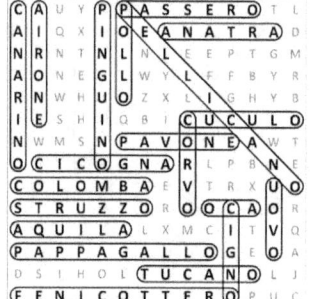

63 - Art
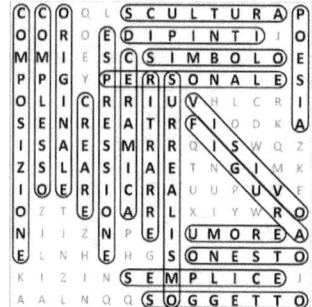

64 - Nutrition
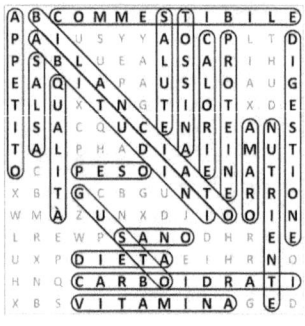

65 - Hiking
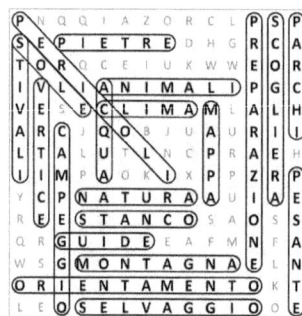

66 - Professions #1
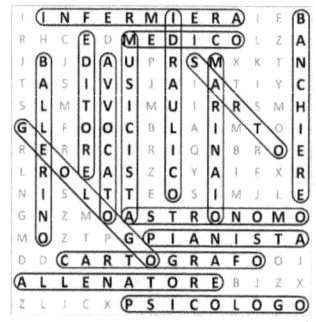

67 - Dinosaurs
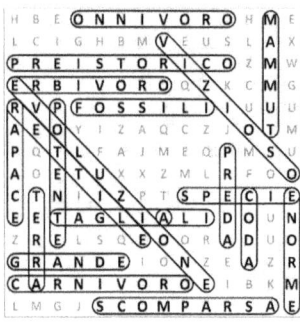

68 - Barbecues
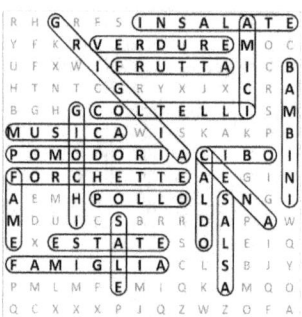

69 - Surfing
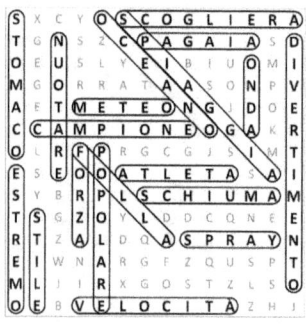

70 - Chocolate
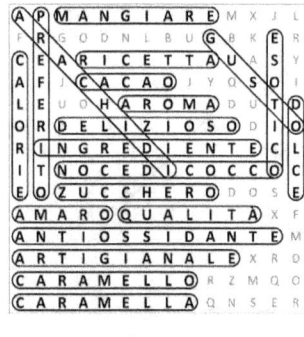

71 - Vegetables
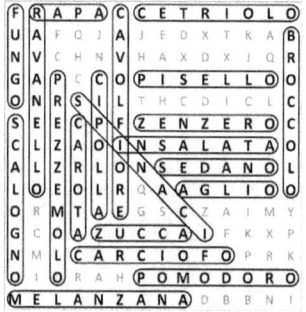

72 - Boats
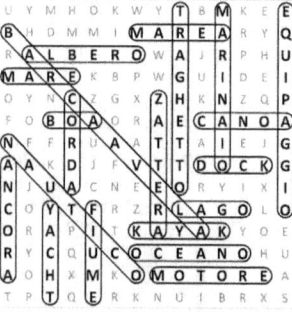

73 - Activities and Leisure
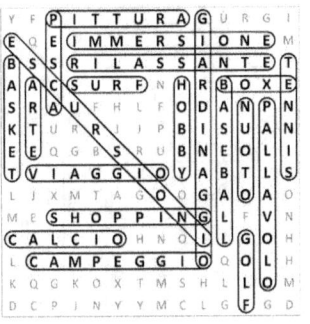

74 - Driving
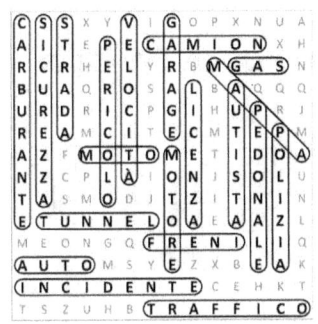

75 - Professions #2
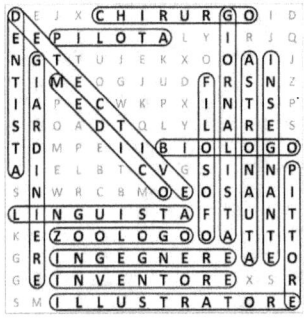

76 - Emotions
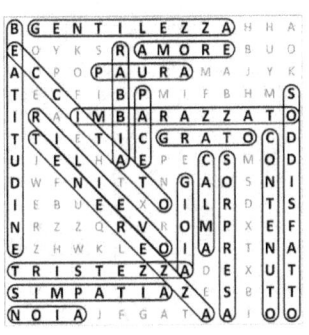

77 - Mythology
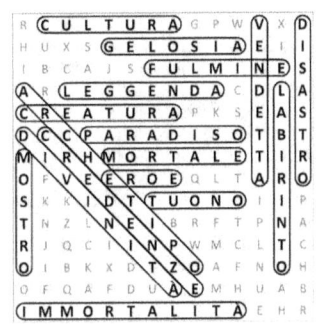

78 - Hair Types
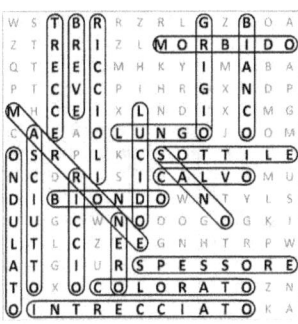

79 - Furniture
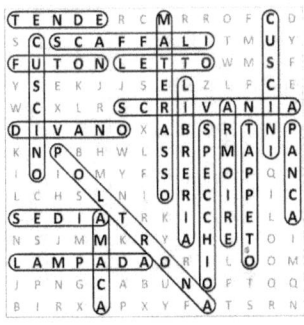

80 - Garden
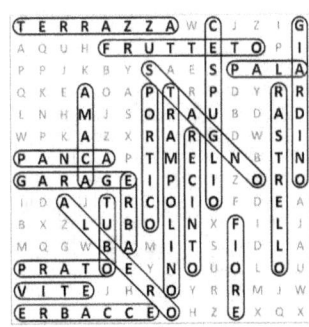

81 - Birthday
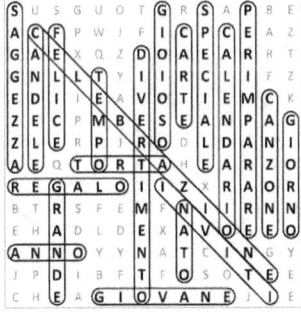

82 - Beach
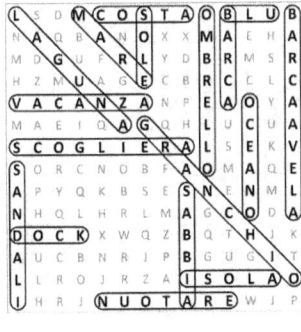

83 - Adjectives #1
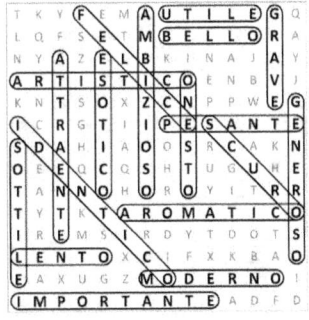

84 - Rainforest
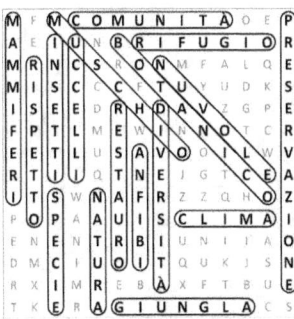

85 - Technology
86 - Landscapes
87 - Visual Arts
88 - Plants
89 - Countries #2
90 - Ecology
91 - Adjectives #2
92 - Math
93 - Water
94 - Activities
95 - Literature
96 - Geography

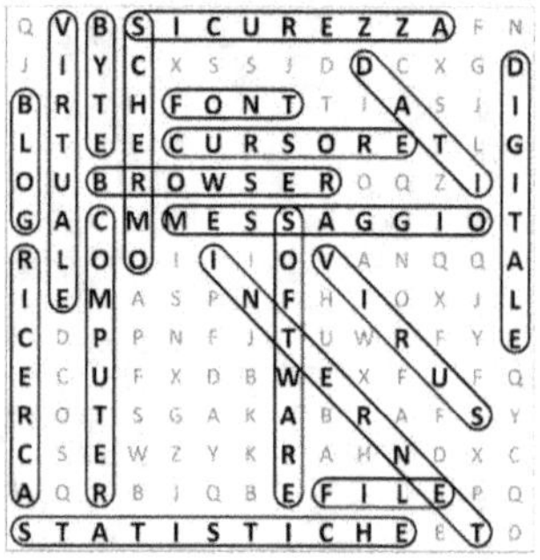

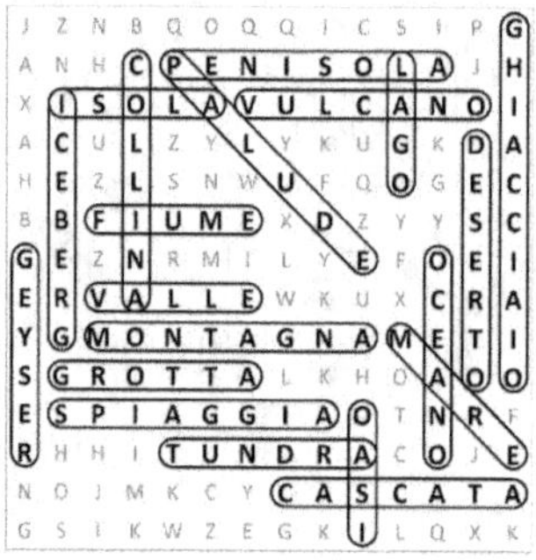

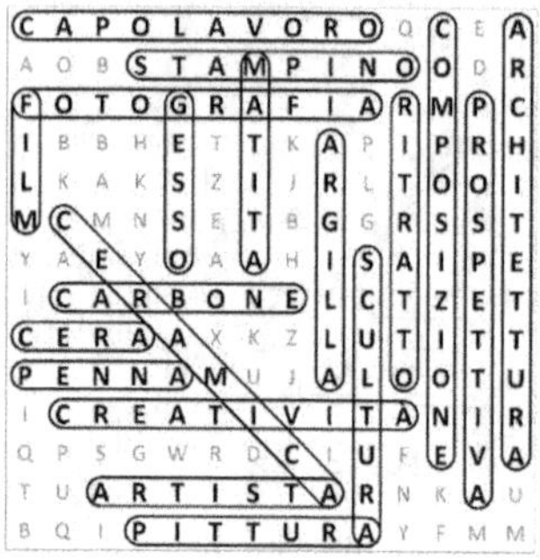

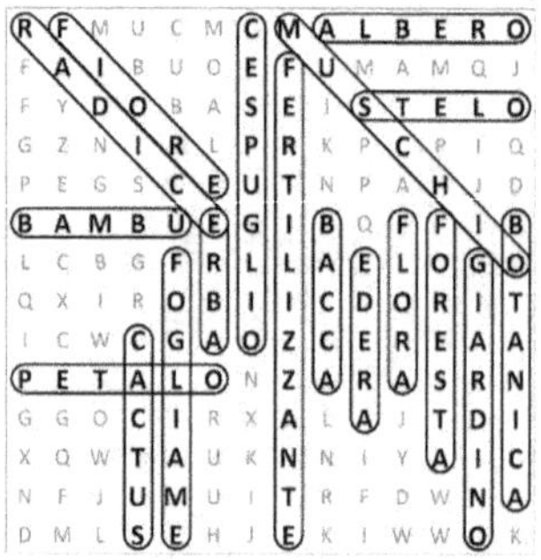

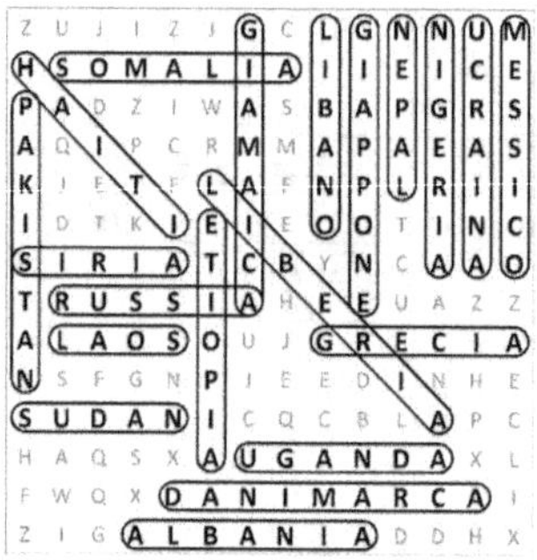

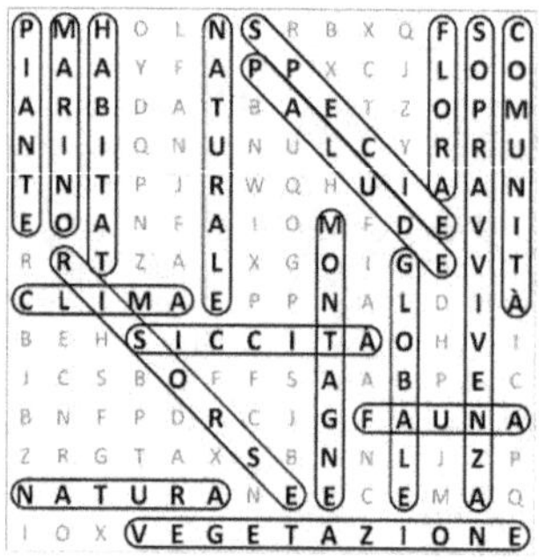

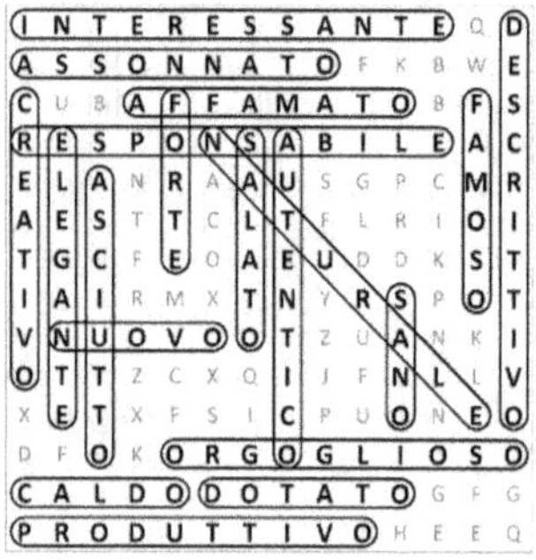

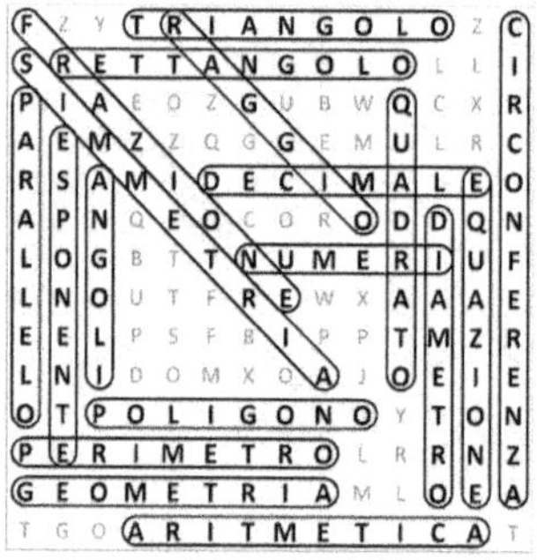

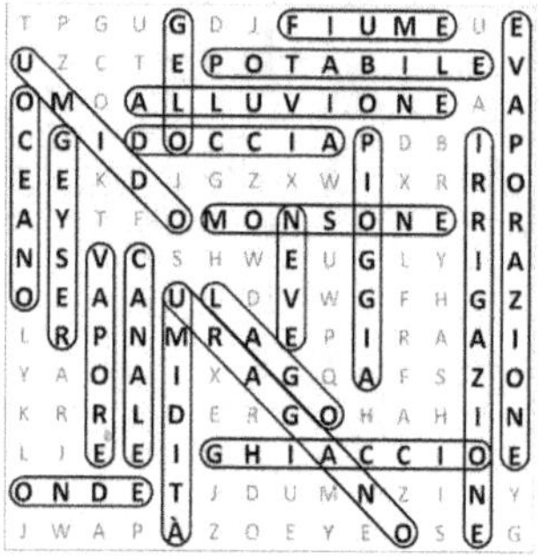

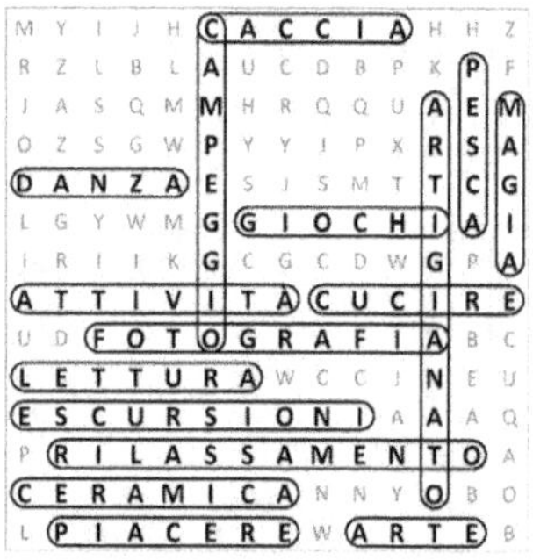

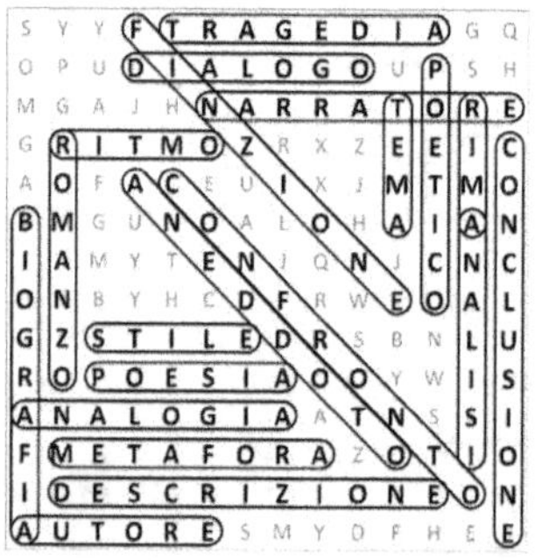

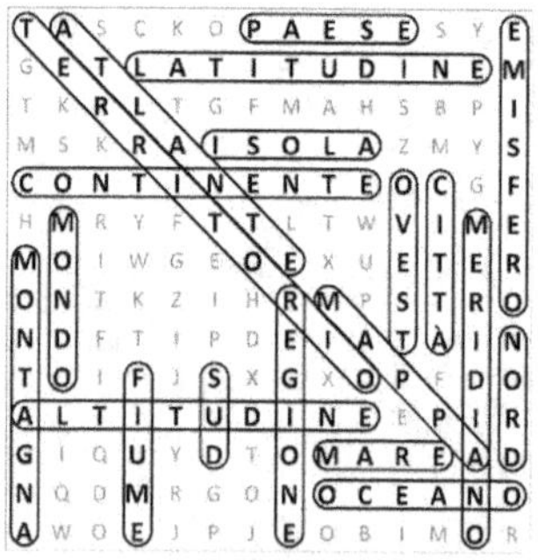

97 - Vacation #1

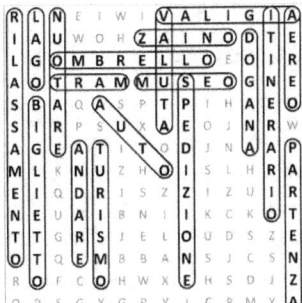

98 - Pets

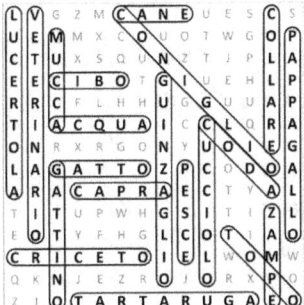

99 - Nature

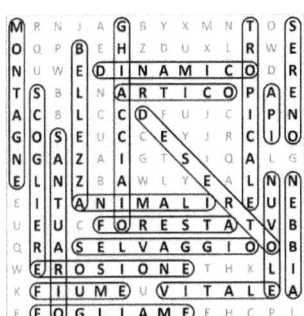

100 - Vacation #2

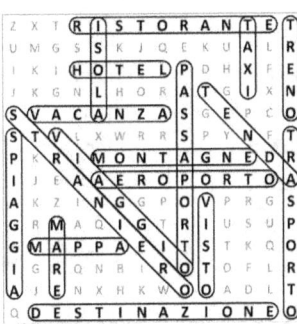

Dictionary

Activities
Attività

Activity	Attività
Art	Arte
Camping	Campeggio
Ceramics	Ceramica
Crafts	Artigianato
Dancing	Danza
Fishing	Pesca
Games	Giochi
Gardening	Giardinaggio
Hiking	Escursioni
Hunting	Caccia
Interests	Interessi
Leisure	Tempo Libero
Magic	Magia
Photography	Fotografia
Pleasure	Piacere
Reading	Lettura
Relaxation	Rilassamento
Sewing	Cucire
Skill	Abilità

Activities and Leisure
Attività e Tempo Libero

Art	Arte
Baseball	Baseball
Basketball	Basket
Boxing	Boxe
Camping	Campeggio
Diving	Immersione
Fishing	Pesca
Gardening	Giardinaggio
Golf	Golf
Hiking	Escursioni
Hobbies	Hobby
Painting	Pittura
Relaxing	Rilassante
Shopping	Shopping
Soccer	Calcio
Surfing	Surf
Swimming	Nuoto
Tennis	Tennis
Travel	Viaggio
Volleyball	Pallavolo

Adjectives #1
Aggettivi #1

Absolute	Assoluto
Ambitious	Ambizioso
Aromatic	Aromatico
Artistic	Artistico
Attractive	Attraente
Beautiful	Bello
Dark	Scuro
Exotic	Esotico
Generous	Generoso
Happy	Felice
Heavy	Pesante
Helpful	Utile
Honest	Onesto
Identical	Identico
Important	Importante
Modern	Moderno
Serious	Grave
Slow	Lento
Thin	Sottile
Valuable	Prezioso

Adjectives #2
Aggettivi #2

Authentic	Autentico
Creative	Creativo
Descriptive	Descrittivo
Dry	Asciutto
Elegant	Elegante
Famous	Famoso
Gifted	Dotato
Healthy	Sano
Hot	Caldo
Hungry	Affamato
Interesting	Interessante
Natural	Naturale
New	Nuovo
Productive	Produttivo
Proud	Orgoglioso
Responsible	Responsabile
Salty	Salato
Sleepy	Assonnato
Strong	Forte
Wild	Selvaggio

Adventure
Avventura

Activity	Attività
Beauty	Bellezza
Bravery	Coraggio
Challenges	Sfide
Chance	Caso
Dangerous	Pericoloso
Destination	Destinazione
Difficulty	Difficoltà
Enthusiasm	Entusiasmo
Excursion	Escursione
Friends	Amici
Itinerary	Itinerario
Joy	Gioia
Nature	Natura
Navigation	Navigazione
New	Nuovo
Opportunity	Opportunità
Preparation	Preparazione
Safety	Sicurezza
Unusual	Insolito

Airplanes
Aeroplani

Adventure	Avventura
Air	Aria
Altitude	Altitudine
Atmosphere	Atmosfera
Balloon	Palloncino
Construction	Costruzione
Crew	Equipaggio
Descent	Discesa
Design	Design
Engine	Motore
Fuel	Carburante
Height	Altezza
History	Storia
Hydrogen	Idrogeno
Landing	Atterraggio
Passenger	Passeggero
Pilot	Pilota
Propellers	Eliche
Sky	Cielo
Turbulence	Turbolenza

Antarctica
Antartide

Bay	Baia
Birds	Uccelli
Clouds	Nuvole
Conservation	Conservazione
Continent	Continente
Environment	Ambiente
Expedition	Spedizione
Geography	Geografia
Glaciers	Ghiacciai
Ice	Ghiaccio
Islands	Isole
Migration	Migrazione
Minerals	Minerali
Peninsula	Penisola
Researcher	Ricercatore
Rocky	Roccioso
Scientific	Scientifico
Temperature	Temperatura
Topography	Topografia
Water	Acqua

Art
Arte

Ceramic	Ceramica
Complex	Complesso
Composition	Composizione
Create	Creare
Expression	Espressione
Figure	Figura
Honest	Onesto
Inspired	Ispirato
Mood	Umore
Original	Originale
Paintings	Dipinti
Personal	Personale
Poetry	Poesia
Portray	Ritrarre
Sculpture	Scultura
Simple	Semplice
Subject	Soggetto
Surrealism	Surrealismo
Symbol	Simbolo
Visual	Visivo

Art Supplies
Forniture Artistiche

Acrylic	Acrilico
Brushes	Spazzole
Camera	Telecamera
Chair	Sedia
Charcoal	Carbone
Clay	Argilla
Colors	Colori
Creativity	Creatività
Easel	Cavalletto
Eraser	Gomma
Glue	Colla
Ideas	Idee
Ink	Inchiostro
Oil	Olio
Paints	Vernici
Paper	Carta
Pencils	Matite
Table	Tavolo
Water	Acqua
Watercolors	Acquerelli

Astronomy
Astronomia

Asteroid	Asteroide
Astronaut	Astronauta
Astronomer	Astronomo
Constellation	Costellazione
Cosmos	Cosmo
Earth	Terra
Eclipse	Eclissi
Equinox	Equinozio
Galaxy	Galassia
Meteor	Meteora
Moon	Luna
Nebula	Nebulosa
Observatory	Osservatorio
Planet	Pianeta
Radiation	Radiazione
Rocket	Razzo
Satellite	Satellite
Sky	Cielo
Supernova	Supernova
Zodiac	Zodiaco

Ballet
Balletto

Applause	Applauso
Artistic	Artistico
Audience	Pubblico
Ballerina	Ballerina
Choreography	Coreografia
Composer	Compositore
Dancers	Ballerini
Expressive	Espressivo
Gesture	Gesto
Graceful	Grazioso
Intensity	Intensità
Lessons	Lezioni
Muscles	Muscoli
Music	Musica
Orchestra	Orchestra
Practice	Pratica
Rhythm	Ritmo
Skill	Abilità
Style	Stile
Technique	Tecnica

Barbecues
Barbecue

Chicken	Pollo
Children	Bambini
Dinner	Cena
Family	Famiglia
Food	Cibo
Forks	Forchette
Friends	Amici
Fruit	Frutta
Games	Giochi
Grill	Griglia
Hot	Caldo
Hunger	Fame
Knives	Coltelli
Music	Musica
Salads	Insalate
Salt	Sale
Sauce	Salsa
Summer	Estate
Tomatoes	Pomodori
Vegetables	Verdure

Beach
Spiaggia

Blue	Blu
Boat	Barca
Coast	Costa
Crab	Granchio
Dock	Dock
Island	Isola
Lagoon	Laguna
Ocean	Oceano
Reef	Scogliera
Sailboat	Barca a Vela
Sand	Sabbia
Sandals	Sandali
Sea	Mare
Sun	Sole
To Swim	Nuotare
Towel	Asciugamano
Umbrella	Ombrello
Vacation	Vacanza

Bees
Api

Beneficial	Benefico
Blossom	Fiorire
Diversity	Diversità
Ecosystem	Ecosistema
Flowers	Fiori
Food	Cibo
Fruit	Frutta
Garden	Giardino
Habitat	Habitat
Hive	Alveare
Honey	Miele
Insect	Insetto
Plants	Piante
Pollen	Polline
Queen	Regina
Smoke	Fumo
Sun	Sole
Swarm	Sciame
Wax	Cera
Wings	Ali

Birds
Uccelli

Canary	Canarino
Chicken	Pollo
Crow	Corvo
Cuckoo	Cuculo
Dove	Colomba
Duck	Anatra
Eagle	Aquila
Egg	Uovo
Flamingo	Fenicottero
Goose	Oca
Heron	Airone
Ostrich	Struzzo
Parrot	Pappagallo
Peacock	Pavone
Pelican	Pellicano
Penguin	Pinguino
Sparrow	Passero
Stork	Cicogna
Swan	Cigno
Toucan	Tucano

Birthday
Compleanno

Born	Nato
Cake	Torta
Calendar	Calendario
Candles	Candele
Cards	Carte
Celebration	Celebrazione
Day	Giorno
Fun	Divertimento
Gift	Regalo
Great	Grande
Happy	Felice
Invitations	Inviti
Joyful	Gioioso
Song	Canzone
Special	Speciale
Time	Tempo
To Learn	Per Imparare
Wisdom	Saggezza
Year	Anno
Young	Giovane

Boats
Imbarcazioni

Anchor	Ancora
Buoy	Boa
Canoe	Canoa
Crew	Equipaggio
Dock	Dock
Engine	Motore
Ferry	Traghetto
Kayak	Kayak
Lake	Lago
Mast	Albero
Nautical	Nautico
Ocean	Oceano
Raft	Zattera
River	Fiume
Rope	Corda
Sailboat	Barca a Vela
Sailor	Marinaio
Sea	Mare
Tide	Marea
Yacht	Yacht

Books
Libri

Adventure	Avventura
Author	Autore
Collection	Collezione
Context	Contesto
Duality	Dualità
Epic	Epico
Historical	Storico
Humorous	Umoristico
Inventive	Inventivo
Literary	Letterario
Narrator	Narratore
Novel	Romanzo
Page	Pagina
Poetry	Poesia
Reader	Lettore
Relevant	Rilevante
Series	Serie
Story	Storia
Tragic	Tragico
Written	Scritto

Buildings
Edifici

Apartment	Appartamento
Barn	Fienile
Cabin	Cabina
Castle	Castello
Cinema	Cinema
Embassy	Ambasciata
Factory	Fabbrica
Hospital	Ospedale
Hostel	Ostello
Hotel	Hotel
Laboratory	Laboratorio
Museum	Museo
Observatory	Osservatorio
School	Scuola
Stadium	Stadio
Supermarket	Supermercato
Tent	Tenda
Theater	Teatro
Tower	Torre
University	Università

Camping
Campeggio

Adventure	Avventura
Animals	Animali
Cabin	Cabina
Canoe	Canoa
Compass	Bussola
Fire	Fuoco
Forest	Foresta
Fun	Divertimento
Hammock	Amaca
Hat	Cappello
Hunting	Caccia
Insect	Insetto
Lake	Lago
Map	Mappa
Moon	Luna
Mountain	Montagna
Nature	Natura
Rope	Corda
Tent	Tenda
Trees	Alberi

Castles
Castelli

Armor	Armatura
Catapult	Catapulta
Crown	Corona
Dragon	Drago
Dungeon	Dungeon
Dynasty	Dinastia
Empire	Impero
Feudal	Feudale
Horse	Cavallo
Kingdom	Regno
Knight	Cavaliere
Noble	Nobile
Palace	Palazzo
Prince	Principe
Princess	Principessa
Shield	Scudo
Sword	Spada
Tower	Torre
Unicorn	Unicorno
Wall	Parete

Cats
Gatti

Affectionate	Affettuoso
Claw	Artiglio
Crazy	Pazzo
Curious	Curioso
Fast	Veloce
Funny	Divertente
Fur	Pelliccia
Hunter	Cacciatore
Independent	Indipendente
Little	Poco
Mouse	Topo
Paw	Zampa
Personality	Personalità
Playful	Giocoso
Shy	Timido
Sleep	Dormire
Tail	Coda
Wild	Selvaggio
Yarn	Filo

Chess
Scacchi

Black	Nero
Challenges	Sfide
Champion	Campione
Clever	Intelligente
Contest	Concorso
Diagonal	Diagonale
Game	Gioco
King	Re
Opponent	Avversario
Passive	Passivo
Player	Giocatore
Points	Punti
Queen	Regina
Rules	Regole
Sacrifice	Sacrificio
Strategy	Strategia
Time	Tempo
To Learn	Per Imparare
Tournament	Torneo
White	Bianco

Chocolate
Cioccolato

Antioxidant	Antiossidante
Aroma	Aroma
Artisanal	Artigianale
Bitter	Amaro
Cacao	Cacao
Calories	Calorie
Candy	Caramella
Caramel	Caramello
Coconut	Noce di Cocco
Delicious	Delizioso
Exotic	Esotico
Favorite	Preferito
Ingredient	Ingrediente
Peanuts	Arachidi
Quality	Qualità
Recipe	Ricetta
Sugar	Zucchero
Sweet	Dolce
Taste	Gusto
To Eat	Mangiare

Circus
Circo

Acrobat	Acrobata
Animals	Animali
Balloons	Palloncini
Candy	Caramella
Clown	Clown
Costume	Costume
Elephant	Elefante
Entertain	Intrattenere
Juggler	Giocoliere
Lion	Leone
Magic	Magia
Magician	Mago
Monkey	Scimmia
Music	Musica
Parade	Parata
Show	Mostrare
Spectator	Spettatore
Tent	Tenda
Tiger	Tigre
Trick	Trucco

Climbing
Arrampicata

Altitude	Altitudine
Atmosphere	Atmosfera
Boots	Stivali
Cave	Grotta
Challenges	Sfide
Curiosity	Curiosità
Expert	Esperto
Gloves	Guanti
Guides	Guide
Helmet	Casco
Hiking	Escursioni
Injury	Lesione
Map	Mappa
Narrow	Stretto
Physical	Fisico
Stability	Stabilità
Strength	Forza
Terrain	Terreno
Training	Formazione

Clothes
Vestiti

Apron	Grembiule
Belt	Cintura
Blouse	Camicetta
Bracelet	Braccialetto
Coat	Cappotto
Dress	Abito
Fashion	Moda
Gloves	Guanti
Hat	Cappello
Jacket	Giacca
Jeans	Jeans
Jewelry	Gioiello
Pajamas	Pigiama
Pants	Pantaloni
Sandals	Sandali
Scarf	Sciarpa
Shirt	Camicia
Shoe	Scarpa
Skirt	Gonna
Sweater	Maglione

Colors
Colori

Azure	Azzurro
Beige	Beige
Black	Nero
Blue	Blu
Brown	Marrone
Crimson	Cremisi
Cyan	Ciano
Fuchsia	Fucsia
Green	Verde
Grey	Grigio
Indigo	Indaco
Magenta	Magenta
Orange	Arancia
Pink	Rosa
Purple	Viola
Red	Rosso
Sepia	Seppia
White	Bianco
Yellow	Giallo

Conservation
Conservazione

Changes	Cambiamenti
Climate	Clima
Cycle	Ciclo
Ecosystem	Ecosistema
Education	Educazione
Environmental	Ambientale
Green	Verde
Habitat	Habitat
Health	Salute
Natural	Naturale
Organic	Organico
Pesticide	Pesticida
Pollution	Inquinamento
Recycle	Riciclare
Reduce	Ridurre
Sustainable	Sostenibile
Volunteer	Volontario
Water	Acqua

Cooking Tools
Strumenti di Cottura

Blender	Frullatore
Colander	Colino
Cutlery	Posate
Fork	Forchetta
Grater	Grattugia
Juicer	Spremiagrumi
Kettle	Bollitore
Knife	Coltello
Lid	Coperchio
Oven	Forno
Refrigerator	Frigorifero
Scissors	Forbici
Spatula	Spatola
Spoon	Cucchiaio
Stove	Stufa
Strainer	Filtro
Thermometer	Termometro
Toaster	Tostapane

Countries #2
Paesi #2

Albania	Albania
Denmark	Danimarca
Ethiopia	Etiopia
Greece	Grecia
Haiti	Haiti
Jamaica	Giamaica
Japan	Giappone
Laos	Laos
Lebanon	Libano
Liberia	Liberia
Mexico	Messico
Nepal	Nepal
Nigeria	Nigeria
Pakistan	Pakistan
Russia	Russia
Somalia	Somalia
Sudan	Sudan
Syria	Siria
Uganda	Uganda
Ukraine	Ucraina

Dance
Danza

Academy	Accademia
Art	Arte
Body	Corpo
Choreography	Coreografia
Classical	Classico
Cultural	Culturale
Culture	Cultura
Emotion	Emozione
Expressive	Espressivo
Grace	Grazia
Joyful	Gioioso
Jump	Salto
Movement	Movimento
Music	Musica
Partner	Compagno
Posture	Postura
Rehearsal	Prova
Rhythm	Ritmo
Traditional	Tradizionale
Visual	Visivo

Days and Months
Giorni e Mesi

April	Aprile
August	Agosto
Calendar	Calendario
February	Febbraio
Friday	Venerdì
January	Gennaio
July	Luglio
March	Marzo
Monday	Lunedì
Month	Mese
November	Novembre
October	Ottobre
Saturday	Sabato
September	Settembre
Sunday	Domenica
Thursday	Giovedì
Tuesday	Martedì
Wednesday	Mercoledì
Week	Settimana
Year	Anno

Dinosaurs
Dinosauri

Carnivore	Carnivoro
Disappearance	Scomparsa
Earth	Terra
Enormous	Enorme
Evolution	Evoluzione
Fossils	Fossili
Herbivore	Erbivoro
Large	Grande
Mammoth	Mammut
Omnivore	Onnivoro
Powerful	Potente
Prehistoric	Preistorico
Prey	Preda
Raptor	Rapace
Reptile	Rettile
Size	Taglia
Species	Specie
Tail	Coda
Vicious	Vizioso
Wings	Ali

Driving
Guida

Accident	Incidente
Brakes	Freni
Car	Auto
Danger	Pericolo
Driver	Autista
Fuel	Carburante
Garage	Garage
Gas	Gas
License	Licenza
Map	Mappa
Motor	Motore
Motorcycle	Moto
Pedestrian	Pedonale
Police	Polizia
Road	Strada
Safety	Sicurezza
Speed	Velocità
Traffic	Traffico
Truck	Camion
Tunnel	Tunnel

Ecology
Ecologia

Climate	Clima
Communities	Comunità
Diversity	Diversità
Drought	Siccità
Fauna	Fauna
Flora	Flora
Global	Globale
Habitat	Habitat
Marine	Marino
Marsh	Palude
Mountains	Montagne
Natural	Naturale
Nature	Natura
Plants	Piante
Resources	Risorse
Species	Specie
Survival	Sopravvivenza
Sustainable	Sostenibile
Vegetation	Vegetazione
Volunteers	Volontari

Emotions
Emozioni

Anger	Rabbia
Bliss	Beatitudine
Boredom	Noia
Calm	Calma
Content	Contenuto
Embarrassed	Imbarazzato
Excited	Eccitato
Fear	Paura
Grateful	Grato
Joy	Gioia
Kindness	Gentilezza
Love	Amore
Peace	Pace
Relief	Rilievo
Sadness	Tristezza
Satisfied	Soddisfatto
Surprise	Sorpresa
Sympathy	Simpatia
Tenderness	Tenerezza
Tranquility	Tranquillità

Exploration
Esplorazione

Activity	Attività
Animals	Animali
Courage	Coraggio
Cultures	Culture
Discovery	Scoperta
Excitement	Eccitazione
Exhaustion	Esaurimento
Hazards	Pericoli
Language	Lingua
New	Nuovo
Perilous	Pericoloso
Quest	Ricerca
Space	Spazio
Terrain	Terreno
To Learn	Per Imparare
Travel	Viaggio
Unknown	Sconosciuto
Wild	Selvaggio

Family
Famiglia

Ancestor	Antenato
Aunt	Zia
Brother	Fratello
Child	Bambino
Childhood	Infanzia
Children	Bambini
Cousin	Cugino
Daughter	Figlia
Father	Padre
Grandfather	Nonno
Grandson	Nipote
Husband	Marito
Maternal	Materno
Mother	Madre
Nephew	Nipote
Niece	Nipote
Paternal	Paterno
Sister	Sorella
Uncle	Zio
Wife	Moglie

Farm #1
Fattoria #1

Agriculture	Agricoltura
Bee	Ape
Bison	Bisonte
Calf	Vitello
Cat	Gatto
Chicken	Pollo
Cow	Mucca
Crow	Corvo
Dog	Cane
Donkey	Asino
Fence	Recinto
Fertilizer	Fertilizzante
Field	Campo
Goat	Capra
Hay	Fieno
Honey	Miele
Horse	Cavallo
Rice	Riso
Seeds	Semi
Water	Acqua

Farm #2
Fattoria #2

Animals	Animali
Barley	Orzo
Barn	Fienile
Corn	Mais
Duck	Anatra
Farmer	Agricoltore
Food	Cibo
Fruit	Frutta
Irrigation	Irrigazione
Lamb	Agnello
Llama	Lama
Meadow	Prato
Milk	Latte
Orchard	Frutteto
Sheep	Pecora
Shepherd	Pastore
To Grow	Crescere
Tractor	Trattore
Vegetable	Verdura
Wheat	Grano

Fishing
Pesca

Bait	Esca
Basket	Cesto
Beach	Spiaggia
Boat	Barca
Cook	Cucinare
Equipment	Attrezzatura
Exaggeration	Esagerazione
Fins	Pinne
Gills	Branchie
Hook	Gancio
Jaw	Mascella
Lake	Lago
Ocean	Oceano
Patience	Pazienza
River	Fiume
Season	Stagione
Water	Acqua
Weight	Peso
Wire	Filo

Flowers
Fiori

Bouquet	Mazzo
Calendula	Calendula
Clover	Trifoglio
Daffodil	Narciso
Daisy	Margherita
Gardenia	Gardenia
Hibiscus	Ibisco
Jasmine	Gelsomino
Lavender	Lavanda
Lilac	Lilla
Lily	Giglio
Magnolia	Magnolia
Orchid	Orchidea
Passionflower	Passiflora
Peony	Peonia
Petal	Petalo
Plumeria	Plumeria
Poppy	Papavero
Sunflower	Girasole
Tulip	Tulipano

Food #1
Cibo #1

Apricot	Albicocca
Barley	Orzo
Basil	Basilico
Carrot	Carota
Cinnamon	Cannella
Garlic	Aglio
Juice	Succo
Lemon	Limone
Milk	Latte
Onion	Cipolla
Peanut	Arachidi
Pear	Pera
Salad	Insalata
Salt	Sale
Soup	Minestra
Spinach	Spinaci
Strawberry	Fragola
Sugar	Zucchero
Tuna	Tonno
Turnip	Rapa

Food #2
Cibo #2

Apple	Mela
Artichoke	Carciofo
Banana	Banana
Broccoli	Broccolo
Celery	Sedano
Cheese	Formaggio
Cherry	Ciliegia
Chicken	Pollo
Chocolate	Cioccolato
Egg	Uovo
Eggplant	Melanzana
Fish	Pesce
Grape	Uva
Ham	Prosciutto
Kiwi	Kiwi
Mushroom	Fungo
Rice	Riso
Tomato	Pomodoro
Wheat	Grano
Yogurt	Yogurt

Fruit
Frutta

Apple	Mela
Apricot	Albicocca
Avocado	Avocado
Banana	Banana
Berry	Bacca
Cherry	Ciliegia
Coconut	Noce di Cocco
Fig	Fico
Grape	Uva
Guava	Guava
Kiwi	Kiwi
Lemon	Limone
Mango	Mango
Melon	Melone
Nectarine	Nettarina
Papaya	Papaia
Peach	Pesca
Pear	Pera
Pineapple	Ananas
Raspberry	Lampone

Furniture
Mobili

Armchair	Poltrona
Armoire	Armoire
Bed	Letto
Bench	Panca
Bookcase	Libreria
Chair	Sedia
Couch	Divano
Curtains	Tende
Cushions	Cuscini
Desk	Scrivania
Futon	Futon
Hammock	Amaca
Lamp	Lampada
Mattress	Materasso
Mirror	Specchio
Pillow	Cuscino
Rug	Tappeto
Shelves	Scaffali

Garden
Giardino

Bench	Panca
Bush	Cespuglio
Fence	Recinto
Flower	Fiore
Garage	Garage
Garden	Giardino
Grass	Erba
Hammock	Amaca
Hose	Tubo
Lawn	Prato
Orchard	Frutteto
Pond	Stagno
Porch	Portico
Rake	Rastrello
Shovel	Pala
Terrace	Terrazza
Trampoline	Trampolino
Tree	Albero
Vine	Vite
Weeds	Erbacce

Geography
Geografia

Altitude	Altitudine
Atlas	Atlante
City	Città
Continent	Continente
Country	Paese
Hemisphere	Emisfero
Island	Isola
Latitude	Latitudine
Map	Mappa
Meridian	Meridiano
Mountain	Montagna
North	Nord
Ocean	Oceano
Region	Regione
River	Fiume
Sea	Mare
South	Sud
Territory	Territorio
West	Ovest
World	Mondo

Geology
Geologia

Acid	Acido
Calcium	Calcio
Cavern	Caverna
Continent	Continente
Coral	Corallo
Crystals	Cristalli
Cycles	Cicli
Earthquake	Terremoto
Erosion	Erosione
Fossil	Fossile
Geyser	Geyser
Lava	Lava
Layer	Strato
Minerals	Minerali
Plateau	Altopiano
Quartz	Quarzo
Salt	Sale
Stalactite	Stalattite
Stone	Pietra
Volcano	Vulcano

Hair Types
Tipi di Capelli

Bald	Calvo
Black	Nero
Blond	Biondo
Braided	Intrecciato
Braids	Trecce
Brown	Marrone
Colored	Colorato
Curls	Riccioli
Curly	Riccio
Dry	Asciutto
Gray	Grigio
Healthy	Sano
Long	Lungo
Shiny	Lucido
Short	Breve
Soft	Morbido
Thick	Spessore
Thin	Sottile
Wavy	Ondulato
White	Bianco

Herbalism
Erboristeria

Aromatic	Aromatico
Basil	Basilico
Beneficial	Benefico
Culinary	Culinario
Fennel	Finocchio
Flavor	Gusto
Flower	Fiore
Garden	Giardino
Garlic	Aglio
Green	Verde
Ingredient	Ingrediente
Lavender	Lavanda
Marjoram	Maggiorana
Mint	Menta
Oregano	Origano
Parsley	Prezzemolo
Plant	Pianta
Rosemary	Rosmarino
Saffron	Zafferano
Tarragon	Dragoncello

Hiking
Escursionismo

Animals	Animali
Boots	Stivali
Camping	Campeggio
Cliff	Scogliera
Climate	Clima
Guides	Guide
Hazards	Pericoli
Heavy	Pesante
Map	Mappa
Mountain	Montagna
Nature	Natura
Orientation	Orientamento
Parks	Parchi
Preparation	Preparazione
Stones	Pietre
Summit	Vertice
Sun	Sole
Tired	Stanco
Water	Acqua
Wild	Selvaggio

House
Casa

Attic	Attico
Broom	Scopa
Curtains	Tende
Door	Porta
Fence	Recinto
Fireplace	Camino
Floor	Pavimento
Furniture	Mobilio
Garage	Garage
Garden	Giardino
Keys	Chiavi
Kitchen	Cucina
Lamp	Lampada
Library	Biblioteca
Mirror	Specchio
Roof	Tetto
Room	Camera
Shower	Doccia
Wall	Parete
Window	Finestra

Human Body
Corpo Umano

Ankle	Caviglia
Blood	Sangue
Bones	Ossa
Brain	Cervello
Chin	Mento
Ear	Orecchio
Elbow	Gomito
Face	Faccia
Finger	Dito
Hand	Mano
Head	Testa
Heart	Cuore
Jaw	Mascella
Knee	Ginocchio
Leg	Gamba
Mouth	Bocca
Neck	Collo
Nose	Naso
Shoulder	Spalla
Skin	Pelle

Insects
Insetti

Ant	Formica
Aphid	Afide
Bee	Ape
Beetle	Coleottero
Butterfly	Farfalla
Cicada	Cicala
Cockroach	Scarafaggio
Dragonfly	Libellula
Flea	Pulce
Grasshopper	Cavalletta
Hornet	Calabrone
Ladybug	Coccinella
Larva	Larva
Locust	Locusta
Mantis	Mantide
Mosquito	Zanzara
Moth	Falena
Termite	Termite
Wasp	Vespa
Worm	Verme

Kitchen
Cucina

Apron	Grembiule
Bowl	Ciotola
Chopsticks	Bacchette
Cups	Tazze
Food	Cibo
Forks	Forchette
Freezer	Congelatore
Grill	Griglia
Jar	Vaso
Jug	Brocca
Kettle	Bollitore
Knives	Coltelli
Napkin	Tovagliolo
Oven	Forno
Recipe	Ricetta
Refrigerator	Frigorifero
Spices	Spezie
Sponge	Spugna
Spoons	Cucchiai
To Eat	Mangiare

Landscapes
Paesaggi

Beach	Spiaggia
Cave	Grotta
Desert	Deserto
Geyser	Geyser
Glacier	Ghiacciaio
Hill	Collina
Iceberg	Iceberg
Island	Isola
Lake	Lago
Mountain	Montagna
Oasis	Oasi
Ocean	Oceano
Peninsula	Penisola
River	Fiume
Sea	Mare
Swamp	Palude
Tundra	Tundra
Valley	Valle
Volcano	Vulcano
Waterfall	Cascata

Literature
Letteratura

Analogy	Analogia
Analysis	Analisi
Anecdote	Aneddoto
Author	Autore
Biography	Biografia
Comparison	Confronto
Conclusion	Conclusione
Description	Descrizione
Dialogue	Dialogo
Fiction	Finzione
Metaphor	Metafora
Narrator	Narratore
Novel	Romanzo
Poem	Poesia
Poetic	Poetico
Rhyme	Rima
Rhythm	Ritmo
Style	Stile
Theme	Tema
Tragedy	Tragedia

Mammals
Mammiferi

Bear	Orso
Beaver	Castoro
Bull	Toro
Cat	Gatto
Coyote	Coyote
Dog	Cane
Dolphin	Delfino
Elephant	Elefante
Fox	Volpe
Giraffe	Giraffa
Gorilla	Gorilla
Horse	Cavallo
Kangaroo	Canguro
Lion	Leone
Monkey	Scimmia
Rabbit	Coniglio
Sheep	Pecora
Whale	Balena
Wolf	Lupo
Zebra	Zebra

Math
Matematica

Angles	Angoli
Arithmetic	Aritmetica
Circumference	Circonferenza
Decimal	Decimale
Diameter	Diametro
Division	Divisione
Equation	Equazione
Exponent	Esponente
Fraction	Frazione
Geometry	Geometria
Numbers	Numeri
Parallel	Parallelo
Perimeter	Perimetro
Polygon	Poligono
Radius	Raggio
Rectangle	Rettangolo
Square	Quadrato
Symmetry	Simmetria
Triangle	Triangolo
Volume	Volume

Measurements
Misurazioni

Byte	Byte
Centimeter	Centimetro
Decimal	Decimale
Degree	Grado
Depth	Profondità
Gram	Grammo
Height	Altezza
Inch	Pollice
Kilogram	Chilogrammo
Kilometer	Chilometro
Length	Lunghezza
Liter	Litro
Mass	Massa
Meter	Metro
Minute	Minuto
Ounce	Oncia
Ton	Tonnellata
Volume	Volume
Weight	Peso
Width	Larghezza

Meditation
Meditazione

Acceptance	Accettazione
Awake	Sveglio
Breathing	Respirazione
Calm	Calma
Clarity	Chiarezza
Compassion	Compassione
Emotions	Emozioni
Gratitude	Gratitudine
Habits	Abitudini
Kindness	Gentilezza
Mental	Mentale
Mind	Mente
Movement	Movimento
Music	Musica
Nature	Natura
Peace	Pace
Perspective	Prospettiva
Silence	Silenzio
Thoughts	Pensieri
To Learn	Per Imparare

Musical Instruments
Strumenti Musicali

Banjo	Banjo
Bassoon	Fagotto
Cello	Violoncello
Chimes	Carillon
Clarinet	Clarinetto
Drum	Tamburo
Flute	Flauto
Gong	Gong
Guitar	Chitarra
Harp	Arpa
Mandolin	Mandolino
Marimba	Marimba
Oboe	Oboe
Percussion	Percussione
Piano	Pianoforte
Saxophone	Sassofono
Tambourine	Tamburello
Trombone	Trombone
Trumpet	Tromba
Violin	Violino

Mythology
Mitologia

Archetype	Archetipo
Behavior	Comportamento
Beliefs	Credenze
Creation	Creazione
Creature	Creatura
Culture	Cultura
Deities	Divinità
Disaster	Disastro
Heaven	Paradiso
Hero	Eroe
Immortality	Immortalità
Jealousy	Gelosia
Labyrinth	Labirinto
Legend	Leggenda
Lightning	Fulmine
Monster	Mostro
Mortal	Mortale
Revenge	Vendetta
Thunder	Tuono
Warrior	Guerriero

Nature
Natura

Animals	Animali
Arctic	Artico
Beauty	Bellezza
Bees	Api
Cliffs	Scogliere
Clouds	Nuvole
Desert	Deserto
Dynamic	Dinamico
Erosion	Erosione
Fog	Nebbia
Foliage	Fogliame
Forest	Foresta
Glacier	Ghiacciaio
Mountains	Montagne
River	Fiume
Sanctuary	Santuario
Serene	Sereno
Tropical	Tropicale
Vital	Vitale
Wild	Selvaggio

Numbers
Numeri

Decimal	Decimale
Eight	Otto
Eighteen	Diciotto
Fifteen	Quindici
Five	Cinque
Four	Quattro
Fourteen	Quattordici
Nine	Nove
Nineteen	Diciannove
One	Uno
Seven	Sette
Seventeen	Diciassette
Six	Sei
Sixteen	Sedici
Ten	Dieci
Thirteen	Tredici
Three	Tre
Twelve	Dodici
Twenty	Venti
Two	Due

Nutrition
Nutrizione

Appetite	Appetito
Balanced	Bilanciato
Bitter	Amaro
Calories	Calorie
Carbohydrates	Carboidrati
Diet	Dieta
Digestion	Digestione
Edible	Commestibile
Fermentation	Fermentazione
Flavor	Gusto
Habits	Abitudini
Health	Salute
Healthy	Sano
Nutrient	Nutriente
Proteins	Proteine
Quality	Qualità
Sauce	Salsa
Toxin	Tossina
Vitamin	Vitamina
Weight	Peso

Ocean
Oceano

Algae	Alghe
Coral	Corallo
Crab	Granchio
Dolphin	Delfino
Eel	Anguilla
Fish	Pesce
Jellyfish	Medusa
Octopus	Polpo
Oyster	Ostrica
Reef	Scogliera
Salt	Sale
Seaweed	Alga
Shark	Squalo
Shrimp	Gamberetto
Sponge	Spugna
Storm	Tempesta
Tides	Maree
Tuna	Tonno
Turtle	Tartaruga
Whale	Balena

Pets
Animali Domestici

Cat	Gatto
Collar	Collare
Cow	Mucca
Dog	Cane
Fish	Pesce
Food	Cibo
Goat	Capra
Hamster	Criceto
Kitten	Gattino
Leash	Guinzaglio
Lizard	Lucertola
Mouse	Topo
Parrot	Pappagallo
Paws	Zampe
Puppy	Cucciolo
Rabbit	Coniglio
Tail	Coda
Turtle	Tartaruga
Veterinarian	Veterinario
Water	Acqua

Pirates
Pirati

Adventure	Avventura
Anchor	Ancora
Bad	Cattivo
Beach	Spiaggia
Captain	Capitano
Cave	Grotta
Coins	Monete
Compass	Bussola
Crew	Equipaggio
Danger	Pericolo
Flag	Bandiera
Gold	Oro
Island	Isola
Legend	Leggenda
Map	Mappa
Parrot	Pappagallo
Rum	Rum
Scar	Cicatrice
Sword	Spada
Treasure	Tesoro

Plants
Piante

Bamboo	Bambù
Bean	Fagiolo
Berry	Bacca
Botany	Botanica
Bush	Cespuglio
Cactus	Cactus
Fertilizer	Fertilizzante
Flora	Flora
Flower	Fiore
Foliage	Fogliame
Forest	Foresta
Garden	Giardino
Grass	Erba
Ivy	Edera
Moss	Muschio
Petal	Petalo
Root	Radice
Stem	Stelo
Tree	Albero
Vegetation	Vegetazione

Professions #1
Professioni #1

Ambassador	Ambasciatore
Astronomer	Astronomo
Attorney	Avvocato
Banker	Banchiere
Cartographer	Cartografo
Coach	Allenatore
Dancer	Ballerino
Doctor	Medico
Editor	Editore
Geologist	Geologo
Hunter	Cacciatore
Jeweler	Gioielliere
Musician	Musicista
Nurse	Infermiera
Pianist	Pianista
Plumber	Idraulico
Psychologist	Psicologo
Sailor	Marinaio
Tailor	Sarto
Veterinarian	Veterinario

Professions #2
Professioni #2

Astronaut	Astronauta
Biologist	Biologo
Dentist	Dentista
Detective	Detective
Engineer	Ingegnere
Farmer	Agricoltore
Gardener	Giardiniere
Illustrator	Illustratore
Inventor	Inventore
Journalist	Giornalista
Librarian	Bibliotecario
Linguist	Linguista
Painter	Pittore
Philosopher	Filosofo
Photographer	Fotografo
Physician	Medico
Pilot	Pilota
Surgeon	Chirurgo
Teacher	Insegnante
Zoologist	Zoologo

Rainforest
Foresta Pluviale

Amphibians	Anfibi
Birds	Uccelli
Botanical	Botanico
Climate	Clima
Clouds	Nuvole
Community	Comunità
Diversity	Diversità
Indigenous	Indigeno
Insects	Insetti
Jungle	Giungla
Mammals	Mammiferi
Moss	Muschio
Nature	Natura
Preservation	Preservazione
Refuge	Rifugio
Respect	Rispetto
Restoration	Restauro
Species	Specie
Survival	Sopravvivenza
Valuable	Prezioso

Restaurant #1
Ristorante #1

Allergy	Allergia
Bowl	Ciotola
Bread	Pane
Cashier	Cassiere
Chicken	Pollo
Coffee	Caffè
Dessert	Dessert
Food	Cibo
Ingredients	Ingredienti
Kitchen	Cucina
Knife	Coltello
Meat	Carne
Menu	Menù
Napkin	Tovagliolo
Plate	Piatto
Reservation	Prenotazione
Sauce	Salsa
Spicy	Piccante
To Eat	Mangiare
Waitress	Cameriera

Restaurant #2
Ristorante #2

Appetizer	Aperitivo
Beverage	Bevanda
Cake	Torta
Chair	Sedia
Delicious	Delizioso
Dinner	Cena
Eggs	Uova
Fish	Pesce
Fork	Forchetta
Fruit	Frutta
Ice	Ghiaccio
Lunch	Pranzo
Salad	Insalata
Salt	Sale
Soup	Minestra
Spices	Spezie
Spoon	Cucchiaio
Vegetables	Verdure
Waiter	Cameriere
Water	Acqua

School #1
Scuola #1

Alphabet	Alfabeto
Answers	Risposte
Books	Libri
Chair	Sedia
Classroom	Aula
Exams	Esami
Folders	Cartelle
Friends	Amici
Fun	Divertimento
Library	Biblioteca
Lunch	Pranzo
Math	Matematica
Paper	Carta
Pencil	Matita
Pens	Penne
Quiz	Quiz
Teacher	Insegnante
To Learn	Per Imparare
To Read	Leggere
To Write	Scrivere

School #2
Scuola #2

Academic	Accademico
Activities	Attività
Backpack	Zaino
Books	Libri
Bus	Autobus
Calendar	Calendario
Computer	Computer
Dictionary	Dizionario
Education	Educazione
Eraser	Gomma
Friends	Amici
Grammar	Grammatica
Library	Biblioteca
Literature	Letteratura
Paper	Carta
Pencil	Matita
Science	Scienza
Scissors	Forbici
Supplies	Forniture
Teacher	Insegnante

Science
Scienza

Atom	Atomo
Chemical	Chimico
Climate	Clima
Data	Dati
Evolution	Evoluzione
Experiment	Esperimento
Fact	Fatto
Fossil	Fossile
Gravity	Gravità
Hypothesis	Ipotesi
Laboratory	Laboratorio
Method	Metodo
Minerals	Minerali
Molecules	Molecole
Nature	Natura
Organism	Organismo
Particles	Particelle
Physics	Fisica
Plants	Piante
Scientist	Scienziato

Science Fiction
Fantascienza

Atomic	Atomico
Books	Libri
Cinema	Cinema
Clones	Cloni
Dystopia	Distopia
Explosion	Esplosione
Extreme	Estremo
Fantastic	Fantastico
Fire	Fuoco
Futuristic	Futuristico
Galaxy	Galassia
Illusion	Illusione
Imaginary	Immaginario
Mysterious	Misterioso
Oracle	Oracolo
Planet	Pianeta
Robots	Robot
Technology	Tecnologia
Utopia	Utopia
World	Mondo

Scientific Disciplines
Discipline Scientifiche

Anatomy	Anatomia
Archaeology	Archeologia
Astronomy	Astronomia
Biochemistry	Biochimica
Biology	Biologia
Botany	Botanica
Chemistry	Chimica
Ecology	Ecologia
Geology	Geologia
Immunology	Immunologia
Kinesiology	Kinesiologia
Linguistics	Linguistica
Mechanics	Meccanica
Mineralogy	Mineralogia
Neurology	Neurologia
Physiology	Fisiologia
Psychology	Psicologia
Sociology	Sociologia
Thermodynamics	Termodinamica
Zoology	Zoologia

Shapes
Forme

Arc	Arco
Circle	Cerchio
Cone	Cono
Corner	Angolo
Cube	Cubo
Curve	Curva
Cylinder	Cilindro
Edges	Bordi
Ellipse	Ellisse
Hyperbola	Iperbole
Line	Linea
Oval	Ovale
Polygon	Poligono
Prism	Prisma
Pyramid	Piramide
Rectangle	Rettangolo
Side	Lato
Sphere	Sfera
Square	Quadrato
Triangle	Triangolo

Spices
Spezie

Anise	Anice
Bitter	Amaro
Cardamom	Cardamomo
Cinnamon	Cannella
Coriander	Coriandolo
Cumin	Cumino
Curry	Curry
Fennel	Finocchio
Fenugreek	Fieno Greco
Flavor	Gusto
Garlic	Aglio
Ginger	Zenzero
Licorice	Liquirizia
Nutmeg	Noce Moscata
Onion	Cipolla
Paprika	Paprika
Saffron	Zafferano
Salt	Sale
Sweet	Dolce
Vanilla	Vaniglia

Sports
Sport

Athlete	Atleta
Baseball	Baseball
Basketball	Basket
Bicycle	Bicicletta
Championship	Campionato
Coach	Allenatore
Game	Gioco
Golf	Golf
Gymnasium	Palestra
Gymnastics	Ginnastica
Hockey	Hockey
Movement	Movimento
Player	Giocatore
Referee	Arbitro
Stadium	Stadio
Team	Squadra
Tennis	Tennis
To Swim	Nuotare
Winner	Vincitore

Summer
Estate

Beach	Spiaggia
Books	Libri
Camping	Campeggio
Diving	Immersione
Family	Famiglia
Food	Cibo
Friends	Amici
Games	Giochi
Garden	Giardino
Home	Casa
Joy	Gioia
Leisure	Tempo Libero
Music	Musica
Relaxation	Rilassamento
Sandals	Sandali
Sea	Mare
Stars	Stelle
To Swim	Nuotare
Travel	Viaggio
Vacation	Vacanza

Surfing
Surf

Athlete	Atleta
Beach	Spiaggia
Beginner	Principiante
Champion	Campione
Crowds	Folla
Extreme	Estremo
Foam	Schiuma
Fun	Divertimento
Ocean	Oceano
Paddle	Pagaia
Popular	Popolare
Reef	Scogliera
Speed	Velocità
Spray	Spray
Stomach	Stomaco
Strength	Forza
Style	Stile
To Swim	Nuotare
Wave	Onda
Weather	Meteo

Technology
Tecnologia

Blog	Blog
Browser	Browser
Bytes	Byte
Camera	Telecamera
Computer	Computer
Cursor	Cursore
Data	Dati
Digital	Digitale
File	File
Font	Font
Internet	Internet
Message	Messaggio
Research	Ricerca
Screen	Schermo
Security	Sicurezza
Software	Software
Statistics	Statistiche
Virtual	Virtuale
Virus	Virus

Time
Tempo

After	Dopo
Annual	Annuale
Before	Prima
Calendar	Calendario
Century	Secolo
Clock	Orologio
Day	Giorno
Decade	Decennio
Future	Futuro
Hour	Ora
Minute	Minuto
Month	Mese
Morning	Mattina
Night	Notte
Noon	Mezzogiorno
Soon	Presto
Today	Oggi
Week	Settimana
Year	Anno
Yesterday	Ieri

To Fill
Riempire

Bag	Borsa
Barrel	Barile
Basin	Bacino
Basket	Cesto
Bottle	Bottiglia
Box	Scatola
Bucket	Secchio
Carton	Cartone
Crate	Cassa
Drawer	Cassetto
Envelope	Busta
Folder	Cartella
Packet	Pacchetto
Pocket	Tasca
Suitcase	Valigia
Tray	Vassoio
Tub	Vasca
Tube	Tubo
Vase	Vaso
Vessel	Nave

Town
Città

Airport	Aeroporto
Bakery	Panetteria
Bank	Banca
Bookstore	Libreria
Cinema	Cinema
Clinic	Clinica
Florist	Fiorista
Gallery	Galleria
Hotel	Hotel
Library	Biblioteca
Market	Mercato
Museum	Museo
Pharmacy	Farmacia
School	Scuola
Stadium	Stadio
Store	Negozio
Supermarket	Supermercato
Theater	Teatro
University	Università
Zoo	Zoo

Toys
Giocattoli

Airplane	Aereo
Ball	Palla
Bicycle	Bicicletta
Boat	Barca
Books	Libri
Car	Auto
Chess	Scacchi
Clay	Argilla
Crafts	Artigianato
Doll	Bambola
Drums	Batteria
Favorite	Preferito
Games	Giochi
Imagination	Immaginazione
Kite	Aquilone
Paints	Vernici
Puzzle	Puzzle
Robot	Robot
Train	Treno
Truck	Camion

Vacation #1
Vacanza #1

Airplane	Aereo
Backpack	Zaino
Car	Auto
Currency	Valuta
Customs	Dogana
Departure	Partenza
Expedition	Spedizione
Itinerary	Itinerario
Lake	Lago
Museum	Museo
Relaxation	Rilassamento
Suitcase	Valigia
Ticket	Biglietto
To Go	Andare
To Swim	Nuotare
Tourist	Turismo
Tram	Tram
Umbrella	Ombrello

Vacation #2
Vacanze #2

Airport	Aeroporto
Beach	Spiaggia
Camping	Campeggio
Destination	Destinazione
Foreigner	Straniero
Holiday	Vacanza
Hotel	Hotel
Island	Isola
Journey	Viaggio
Leisure	Tempo Libero
Map	Mappa
Mountains	Montagne
Passport	Passaporto
Restaurant	Ristorante
Sea	Mare
Taxi	Taxi
Tent	Tenda
Train	Treno
Transportation	Trasporto
Visa	Visto

Vegetables
Verdure

Artichoke	Carciofo
Broccoli	Broccolo
Carrot	Carota
Cauliflower	Cavolfiore
Celery	Sedano
Cucumber	Cetriolo
Eggplant	Melanzana
Garlic	Aglio
Ginger	Zenzero
Mushroom	Fungo
Onion	Cipolla
Parsley	Prezzemolo
Pea	Pisello
Pumpkin	Zucca
Radish	Ravanello
Salad	Insalata
Shallot	Scalogno
Spinach	Spinaci
Tomato	Pomodoro
Turnip	Rapa

Vehicles
Veicoli

Airplane	Aereo
Ambulance	Ambulanza
Bicycle	Bicicletta
Boat	Barca
Bus	Autobus
Car	Auto
Caravan	Caravan
Ferry	Traghetto
Helicopter	Elicottero
Motor	Motore
Raft	Zattera
Rocket	Razzo
Scooter	Scooter
Shuttle	Navetta
Submarine	Sottomarino
Subway	Metropolitana
Taxi	Taxi
Tires	Pneumatici
Tractor	Trattore
Truck	Camion

Virtues #1
Virtù #1

Artistic	Artistico
Charming	Affascinante
Clean	Pulito
Curious	Curioso
Decisive	Decisivo
Efficient	Efficiente
Funny	Divertente
Generous	Generoso
Good	Buono
Helpful	Utile
Independent	Indipendente
Intelligent	Intelligente
Modest	Modesto
Passionate	Appassionato
Patient	Paziente
Practical	Pratico
Reliable	Affidabile
Wise	Saggio

Visual Arts
Arti Visive

Architecture	Architettura
Artist	Artista
Ceramics	Ceramica
Chalk	Gesso
Charcoal	Carbone
Clay	Argilla
Composition	Composizione
Creativity	Creatività
Easel	Cavalletto
Film	Film
Masterpiece	Capolavoro
Painting	Pittura
Pen	Penna
Pencil	Matita
Perspective	Prospettiva
Photograph	Fotografia
Portrait	Ritratto
Sculpture	Scultura
Stencil	Stampino
Wax	Cera

Water
Acqua

Canal	Canale
Damp	Umido
Drinkable	Potabile
Evaporation	Evaporazione
Flood	Alluvione
Frost	Gelo
Geyser	Geyser
Hurricane	Uragano
Ice	Ghiaccio
Irrigation	Irrigazione
Lake	Lago
Moisture	Umidità
Monsoon	Monsone
Ocean	Oceano
Rain	Pioggia
River	Fiume
Shower	Doccia
Snow	Neve
Steam	Vapore
Waves	Onde

Weather
Meteo

Atmosphere	Atmosfera
Breeze	Brezza
Climate	Clima
Cloud	Nube
Drought	Siccità
Dry	Asciutto
Fog	Nebbia
Hurricane	Uragano
Ice	Ghiaccio
Lightning	Fulmine
Monsoon	Monsone
Polar	Polare
Rainbow	Arcobaleno
Sky	Cielo
Storm	Tempesta
Temperature	Temperatura
Thunder	Tuono
Tornado	Tornado
Tropical	Tropicale
Wind	Vento

Congratulations

You made it!

We hope you enjoyed this book as much as we enjoyed making it. We do our best to make high quality games.
These puzzles are designed in a clever way for you to learn actively while having fun!

Did you love them?

A Simple Request

Our books exist thanks your reviews. Could you help us by leaving one now?

Here is a short link which will take you to your order review page:

BestBooksActivity.com/Review50

MONSTER CHALLENGE!

Challenge #1

Ready for Your Bonus Game? We use them all the time but they are not so easy to find. Here are **Synonyms**!

Note 5 words you discovered in each of the Puzzles noted below (#21, #36, #76) and try to find 2 synonyms for each word.

Note 5 Words from **Puzzle 21**

Words	Synonym 1	Synonym 2

Note 5 Words from **Puzzle 36**

Words	Synonym 1	Synonym 2

Note 5 Words from **Puzzle 76**

Words	Synonym 1	Synonym 2

Challenge #2

Now that you are warmed-up, note 5 words you discovered in each Puzzle noted below (#9, #17, #25) and try to find 2 antonyms for each word. How many lines can you do in 20 minutes?

Note 5 Words from **Puzzle 9**

Words	Antonym 1	Antonym 2

Note 5 Words from **Puzzle 17**

Words	Antonym 1	Antonym 2

Note 5 Words from **Puzzle 25**

Words	Antonym 1	Antonym 2

Challenge #3

Wonderful, this monster challenge is nothing to you!

Ready for the last one? Choose your 10 favorite words discovered in any of the Puzzles and note them below.

1.	6.
2.	7.
3.	8.
4.	9.
5.	10.

Now, using these words and within a maximum of six sentences, your challenge is to compose a text about a person, animal or place that you love!

Tip: You can use the last blank page of this book as a draft!

Your Writing:

_____
_____
_____
_____
_____
_____
_____

Explore a Unique Store Set Up **FOR YOU!**

BestActivityBooks.com/**TheStore**

Designed for Entertainment!

Light Up Your Brain With Unique **Gift Ideas**.

Access **Surprising** And **Essential Supplies!**

CHECK OUT OUR MONTHLY SELECTION NOW!

- Expertly Crafted Products -

NOTEBOOK:

SEE YOU SOON!

Linguas Classics Team

www.ingramcontent.com/pod-product-compliance
Lightning Source LLC
LaVergne TN
LVHW060317080526
838202LV00053B/4354